Inteligencia emocional

Inteligencia emocional

REVERTÉ MANAGEMENT

Barcelona, México

HARVARD BUSINESS REVIEW PRESS

Boston, Massachusetts

Inteligencia emocional
Basado en HBR Guide to Emotional Inteligence

Loreto 13-15, Local B. 08029 Barcelona – España
revertemanagement@reverte.com

Fecha de publicación: julio 2026

Edición en papel
ISBN: 9978-84-10121-60-7

Edición ebook
ISBN: 978-84-291-0050-1 (ePub)
ISBN: 978-84-291-0051-8 (PDF)

Editores: Ariela Rodríguez / Ramón Reverté
Coordinación editorial y maquetación: Patricia Reverté

Impreso en España – *Printed in Spain*
Depósito legal: B 11576-2026
Impresión: Liberdúplex

165

FSC
www.fsc.org
MIXTO
Papel | Apoyando la silvicultura responsable
FSC® C109440

Contenidos

Prefacio a la cuarta edición

Explorar la mente emocional desde dentro

Con renovada gratitud presentamos esta nueva edición de *Inteligencia emocional*, fruto de un compromiso constante con la actualización del conocimiento y con el deseo de acompañar al lector en su propio desarrollo personal y profesional. Desde su primera publicación, esta obra ha servido como guía para comprender el poder transformador de las emociones y su influencia en nuestra manera de pensar, actuar y relacionarnos.

En esta edición incorporamos un nuevo capítulo titulado **«Cómo gestionar nuestro diálogo interno»**, una entrevista de Alison Beard a Ethan Kross que amplía el horizonte de la inteligencia emocional hacia una dimensión más íntima: la relación que mantenemos con nosotros mismos. A través de esta conversación lúcida y reveladora, el autor nos invita a observar el flujo constante de pensamientos que configuran nuestra voz interior y a descubrir estrategias prácticas para que ese diálogo se convierta en una fuente de claridad, calma y autocompasión, en lugar de ansiedad o confusión.

Este nuevo aporte se suma a la esencia de la obra, reforzando la idea de que la inteligencia emocional no solo se proyecta en cómo entendemos y gestionamos nuestras relaciones, sino también en cómo nos hablamos, cómo nos interpretamos y cómo nos sostenemos en los momentos de duda o desafío.

Cada edición de *Inteligencia emocional* representa una etapa más en este viaje compartido hacia la autoconciencia y el equilibrio emocional. Nuestro propósito sigue siendo el mismo: ofrecer herramientas actualizadas, reflexiones inspiradoras y perspectivas aplicables que permitan al lector navegar sus emociones con sabiduría y vivir con mayor presencia, conexión y serenidad.

Que estas páginas sean, una vez más, una invitación a mirar hacia dentro, a escuchar con atención y a cultivar una inteligencia emocional más profunda y compasiva.

Inteligencia emocional

Parte uno

¿Qué es la inteligencia emocional?

Capítulo 1

Liderar por instinto

Tanto si les gusta como si no, los líderes deben gestionar el estado de ánimo de sus empresas. Los más hábiles lo consiguen empleando una misteriosa mezcla de competencias psicológicas conocidas como «inteligencia emocional». Son conscientes de ellos mismos y son empáticos. Pueden interpretar y controlar sus emociones a la vez que, de forma intuitiva, comprenden cómo se sienten los otros y controlan el estado emocional de sus empresas.

Pero ¿de dónde procede la inteligencia emocional? ¿Y cómo aprenden los líderes a utilizarla? La literatura sobre gestión, e incluso el sentido común, sugieren que la inteligencia emocional es el resultado de una mezcla de habilidades aprendidas y de talentos naturales. Es, en parte, predisposición genética; en parte, experiencia vital, y en parte, el resultado de algunas viejas lecciones. La inteligencia emocional se muestra en distintos grados en distintos líderes, y los directivos la aplican con una pericia variable. Utilizadas con sabiduría y compasión, estas habilidades estimulan un rendimiento superior en los líderes, en su gente y en sus empresas; aplicada con ingenuidad o con malicia, puede paralizar a los líderes o ser una herramienta de manipulación para quienes la utilizan con el fin de obtener un beneficio personal.

Hemos invitado a dieciocho líderes y académicos (entre ellos, ejecutivos de negocios, estudiosos del liderazgo, psicólogos, un neurólogo, un experto en cultos y un director de orquesta) a que exploren la naturaleza y la gestión de la inteligencia emocional, sus fuentes, usos y abusos. Las respuestas de estos líderes son extraordinariamente distintas, pero hay algunos temas que se repiten: la importancia de perfeccionar las propias habilidades de forma consciente y concienzuda, la naturaleza contradictoria de la conciencia de uno mismo, y el peligro de dejar que predomine alguna de las habilidades que configuran la inteligencia emocional. Estos son algunos de sus puntos de vista.

Sé realista

John D. Mayer *es profesor de psicología en la Universidad de New Hampshire. Junto con el profesor de psicología de Yale Peter Salovey, fue el primero en definir el concepto de inteligencia emocional a principios de la década de los noventa del siglo pasado.*

Es hora de ser realistas sobre la inteligencia emocional, especialmente sobre lo que es y lo que no es. Los libros y los artículos que han popularizado el concepto lo han definido utilizando un conjunto diverso de rasgos de personalidad, como conciencia de uno mismo, optimismo y tolerancia. Estas definiciones populares se han acompañado de afirmaciones exageradas sobre la importancia de la inteligencia emocional. Porque distintos rasgos de personalidad, por muy admirables que sean, no necesariamente conforman una definición de inteligencia emocional. De hecho, resulta difícil evaluar estos rasgos de forma conjunta para determinar su relación con el éxito en los negocios y en la vida.

Incluso cuando se analizan de forma aislada, las características habitualmente asociadas con la inteligencia emocional y el éxito pueden resultar más complicadas de lo que parecen. Por ejemplo, los científicos no saben cuál es la auténtica importancia de la autoconciencia en un liderazgo eficaz. De hecho, demasiada conciencia de uno mismo puede reducir la autoestima, que a menudo es una parte fundamental del gran liderazgo.

Desde un punto de vista científico, la inteligencia emocional es la capacidad de percibir de forma precisa tus propias emociones y las de los demás: entender las señales que las emociones envían sobre las relaciones, y gestionar tus propias emociones y las de otros. La inteligencia emocional no incluye necesariamente las cualidades que algunas definiciones populares le atribuyen (véanse el optimismo, la iniciativa y la confianza en uno mismo).

Los investigadores han utilizado pruebas de desempeño para medir la precisión de la gente a la hora de identificar y entender las emociones; por ejemplo, pidiéndoles que reconocieran situaciones de comunicación cara a cara o haciéndoles decir cuál, de entre varias circunstancias, sería la que provocaría felicidad con más probabilidad. Las personas que obtienen buenas puntuaciones en estas pruebas son muy distintas unas de otras. En el mundo de los negocios, las personas con mayor inteligencia emocional parecen ser más capaces de lidiar con las quejas de los consumidores o de mediar en las discusiones, y pueden destacar de forma especial a la hora de establecer conexiones personales positivas y sólidas a largo plazo con subordinados y clientes. Por supuesto, la inteligencia emocional no es la única forma de alcanzar el éxito como líder. Un estratega brillante capaz de sacar el máximo rendimiento a los beneficios tal vez sea capaz de contratar y retener a empleados con talento aunque no mantenga fuertes conexiones personales con ellos.

¿Tienen algún valor las escalas que, a partir de las ideas populares, miden cualidades como el optimismo y la confianza en uno mismo pero las etiquetan como «inteligencia emocional»? Sin duda, esos rasgos de personalidad son importantes en los negocios, así que medirlos y (a veces) mejorarlos puede ser útil. Pero investigaciones recientes han determinado que esas características son distintas de la inteligencia emocional tal como se define científicamente. Una persona con una alta inteligencia emocional puede ser realista en lugar de optimista, e insegura en lugar de confiada. El peligro está en asumir que, puesto que una persona es optimista y tiene confianza en sí misma, también es emocionalmente inteligente cuando, de hecho, la presencia de esas características no dice nada del resto.

Nunca dejes de aprender

Daniel Goleman *es copresidente del Consortium for Research on Emotional Intelligence in Organizations de la Facultad de Grado de Psicología Profesional y Aplicada de la Universidad de Rutgers en Piscataway (Nueva Jersey).*

Puedes ser un líder próspero sin demasiada inteligencia emocional si tienes muchísima suerte y todo lo demás está a tu favor: mercados florecientes, competidores torpes y jefes despistados. Si eres increíblemente listo, podrás ocultar la ausencia de inteligencia emocional hasta que las cosas se pongan difíciles para el negocio. Lo que ocurre es que, en ese punto, no habrás construido el capital social necesario para sacar lo mejor de la gente en los momentos en que la presión se vuelve tremenda. El arte del liderazgo sostenible es lograr que el trabajo de los otros sea el mejor, y un cociente de inteligencia elevado por sí mismo no es suficiente para conseguirlo.

La buena noticia es que la inteligencia emocional se puede aprender y mejorar a cualquier edad. De hecho, los datos muestran que, de media, la inteligencia emocional de la gente tiende a aumentar a medida que cumplen años. Pero las competencias específicas de liderazgo que están basadas en la inteligencia emocional no necesariamente proceden de la experiencia de la vida. Por ejemplo, una de las quejas que oigo con más frecuencia sobre los líderes, sobre todo de los que acaban de ser promocionados, es que carecen de empatía. El problema es que se les ha ascendido porque son personas con un nivel de rendimiento notable. Pero ser un triunfador individual no te enseña las habilidades necesarias para entender las tribulaciones de los demás.

Los líderes que se sienten motivados para mejorar su inteligencia emocional pueden conseguirlo si cuentan con la *información,* el *apoyo* y la *orientación* correctos. La información que necesitan es una evaluación honesta de sus fuerzas y limitaciones, proporcionada por personas que les conozcan bien y en cuyas opiniones confíen. La orientación que necesitan es un plan de desarrollo específico que se base en las interacciones que ocurren de forma natural en el lugar de trabajo, usándolas como un laboratorio de aprendizaje. El mejor apoyo está en tener a alguien con quien poder hablar a medida que ensayan cómo manejar diferentes situaciones, qué hacer cuando cometen un fallo y cómo aprender de esos tropiezos. Si los líderes cultivan esos recursos y los practican de forma continuada, pueden desarrollar habilidades específicas de la inteligencia emocional, habilidades que permanecerán con ellos durante años.

LOS 5 COMPONENTES DE LA INTELIGENCIA EMOCIONAL

En 1998, en el que se ha convertido en uno de los artículos más imperecederos de HBR, «¿Qué hace a un líder?», Daniel Goleman presentó un marco de referencia y las características de los cinco aspectos de la inteligencia emocional que permiten a los individuos reconocer, conectar y aprender de sus propios estados mentales y de los de otras personas. La verdad es que hay muchos marcos de referencia, y que todos ellos consideran distintos grupos de competencias de la inteligencia emocional —también hay otros modelos que no conciben la inteligencia emocional como un conjunto de competencias, sino como la habilidad de abstraer y solucionar problemas en el dominio emocional—. Pero la propuesta de Goleman, resumida en el anexo 1, puede ser una forma útil de empezar a comprender la inteligencia emocional.

ANEXO 1

Componente IE	Definición	Características	Ejemplo
Conciencia de uno mismo	Conocer las propias emociones, fortalezas, debilidades, motivaciones, valores y objetivos, y su impacto sobre los demás.	• Confiar en uno mismo. • Hacer una autovaloración realista. • Restar importancia a los propios defectos con sentido del humor. • Buscar las críticas constructivas.	Un directivo sabe que los plazos ajustados hacen que salga lo peor de sí mismo. Con el fin de evitarlo, planifica su tiempo para acabar el trabajo con suficiente antelación.
Autorregulación	Controlar o reorientar las emociones y los impulsos perturbadores.	• Confiado. • Íntegro. • Cómodo con la ambigüedad y el cambio.	Cuando un equipo estropea una presentación, el líder se resiste a gritar. En su lugar, considera las posibles razones del fracaso, explica las consecuencias al equipo y explora soluciones con ellos.
Motivación	Estar motivado para alcanzar el éxito.	• Siente pasión por el trabajo y los nuevos retos. • Con energía inagotable para mejorar. • Optimista en caso de fracaso.	Una encargada de la gestión de carteras de una compañía de inversión ve cómo sus fondos caen durante tres trimestres seguidos. Los principales clientes se van. En lugar de culpar a las circunstancias externas, decide aprender de la experiencia y prepara un giro radical.
Empatía	Tiene en cuenta los sentimientos de otros, en especial cuando toma decisiones.	• Es experto en atraer y retener talento. • Con capacidad para enseñar a los otros. • Con sensibilidad hacia las diferencias culturales.	Una consultora estadounidense y su equipo presentan un proyecto a un potencial cliente en Japón. El equipo interpreta el silencio del cliente como un signo de desaprobación y se prepara para marcharse. La consultora observa el lenguaje corporal del cliente y percibe interés. Ella continúa con la reunión, y el equipo acaba consiguiendo el proyecto.

Componente IE	Definición	Características	Ejemplo
Habilidades sociales	Gestiona las relaciones para dirigirse hacia el objetivo deseado.	• Lidera el cambio con eficacia. • Es persuasivo. • Hace y mantiene sus contactos con gran dedicación. • Es experto en formar y liderar equipos.	Un directivo quiere que su empresa adopte una mejor estrategia en internet. Encuentra a personas afines y monta un equipo de facto para crear una primera versión de la web. Persuade a aliados en otros departamentos para financiar la participación de la compañía en una importante convención. Su empresa pone en marcha un departamento dedicado a internet, y lo ponen al frente.

Adaptado de «¿Qué hace a un líder?» de Daniel Goleman, publicado originalmente en *Harvard Business Review*, junio de 2006.

Motívate

Richard Boyatzis *es profesor y presidente del departamento de conducta organizacional en la Escuela de Gestión Weatherhead de la Universidad Case Western Reserve en Cleveland.*

Las personas podemos desarrollar nuestra inteligencia emocional si realmente lo queremos. Pero muchos directivos concluyen que su dosis de inteligencia emocional está predeterminada. Piensan: «Nunca podré ser bueno en esto, ¿para qué intentarlo?». La cuestión esencial no es la falta de capacidad para cambiar, sino la falta de *motivación* para hacerlo.

El desarrollo del liderazgo no es en absoluto diferente al de otras áreas en las que la gente trata de cambiar sus comportamientos. Basta con fijarse en los tratamientos para el alcoholismo, la drogadicción o la obesidad: en todos ellos es necesario el deseo de cambiar. De una forma más sutil, en todos ellos es imprescindible una motivación positiva, más que una negativa. Tienes que *querer* cambiar. Si piensas que vas a perder tu empleo porque no te entiendes bien con tus subordinados, puedes ser decididamente empático y compasivo durante un tiempo. Pero, cuando el cambio está impulsado por el miedo o el rechazo, probablemente no durará demasiado. El cambio motivado por nuevas esperanzas y aspiraciones, el que se persigue porque se desea, es más duradero.

No podemos tener un exceso de inteligencia emocional. Pero existe el peligro de preocuparse demasiado, o de emplear en exceso alguno de sus aspectos. Por ejemplo, si te centras demasiado en las competencias de la inteligencia emocional o en las iniciativas encaminadas a alcanzar logros, siempre estarás cambiando algo en tu compañía. Entonces, nadie podrá anticipar lo que vas a hacer a continuación, y eso es algo que puede resultar desestabilizador para la organización. Si aplicas en exceso la empatía, tal vez nunca seas capaz de despedir a nadie. Si abusas del trabajo en equipo, la diversidad quedará excluida, y tampoco prestarás oídos a las perspectivas individuales. El equilibrio es esencial.

Forma a las personas con talento

Elkhonon Goldberg *es profesor de neurología clínica en la Facultad de Medicina de la Universidad de Nueva York y director del Institute of Neuropsychology and Cognitive Performance en Nueva York.*

En el pasado, los neuropsicólogos estaban sobre todo preocupados por el deterioro cognitivo. Hoy, cada vez están más interesados en las bases biológicas de las diferencias cognitivas entre las personas sin ninguna afección, incluidas las diferencias entre las personas con inteligencia emocional.

La inteligencia emocional puede aprenderse hasta cierto punto. Es como las habilidades matemáticas o musicales. ¿Puedes convertirte en músico si careces de aptitudes naturales? Sí, puedes si asistes a clases y practicas lo suficiente. ¿Serás un Mozart alguna vez? Probablemente, no. De la misma forma, la inteligencia emocional es el resultado de una combinación de herencia biológica y de entrenamiento. Y las personas que no cuentan con esa herencia probablemente no llegarán a conseguir una inteligencia emocional profunda solo mediante entrenamiento. Intentar inculcar la inteligencia emocional a alguien sin aptitudes para ello es una cruzada inútil. Creo que la mejor forma de lograr líderes con inteligencia emocional es seleccionar a las personas que ya cuentan con las cualidades básicas que se necesitan. Piénsalo: así trabajan los entrenadores. No entrenan simplemente a alguien que quiere practicar un deporte; en vez de ello, entrenan a alguien con aptitudes naturales para un determinado deporte. Los directivos del mundo de los negocios deberían hacer lo mismo.

¿Cómo se identifica a los que cuentan con talentos naturales? Diría que hay que buscar a quienes tienen un interés instintivo y auténtico en las experiencias y los mundos mentales de los demás. Este es un requisito previo absolutamente necesario para desarrollar la inteligencia emocional. Si un directivo carece de este interés, tal vez es mejor que dediques tus recursos de formación en otro lugar.

Pide un feedback sincero

Andrea Jung *es presidenta y directora ejecutiva de Avon en Nueva York.*

La inteligencia emocional es nuestro ADN en Avon, porque las relaciones son críticas en cada fase de nuestro negocio. Todo empieza con las relaciones que nuestros 4,5 millones de representantes de ventas independientes tienen con sus clientes, y sigue hacia arriba, con los directivos de mi oficina. Es comprensible, entonces, que el énfasis en la inteligencia emocional sea mucho mayor aquí de lo que es en otras compañías en las que he trabajado. Los programas de cualificación incluyen educación en inteligencia emocional y, cuando evaluamos el rendimiento de un empleado, también consideramos sus competencias en inteligencia emocional.

De todas las habilidades de un líder, las emocionales y, por otro lado, la conciencia de uno mismo son las más importantes. Si careces de ellas, no serás capaz de darte cuenta del impacto que tienes sobre los demás. Como CEO, tener conciencia de mí misma es muy importante. Cuando se está en mi nivel, muy poca gente está dispuesta a decirte las cosas más difíciles de escuchar. En Avon contamos con un consejo asesor formado por diez personas a quienes elegimos entre nuestras oficinas en todo el mundo, y ellos me dicen lo bueno, lo malo y lo feo de la compañía. Se puede decir cualquier cosa. Esto me ayuda a seguir conectada con lo que la gente cree de verdad y con la forma en que mis acciones les afectan. También confío mucho en que mis hijos me den opiniones sinceras. Cuando te ves a través de los ojos de tus hijos, tienes una buena dosis de realidad si te fijas en las formas en que reaccionan y reflejan lo que les dices y lo que haces. Mis hijos son parte de mi evaluación de 360 grados. Son los más sinceros.

Crecí en una familia china muy tradicional. A mis padres les preocupaba que la forma en que me habían criado —sumisa, preocupada y con aversión al conflicto— afectara a mi capacidad de triunfar en el entorno de la lista Fortune 500. Temían que no fuera capaz de tomar decisiones difíciles. Pero he aprendido cómo ser empática a la vez que tomo decisiones difíciles que son correctas para la compañía. No son habilidades incompatibles. Por ejemplo, cuando Avon tuvo que cerrar algunas plantas, escogí actuar con compasión hacia las personas afectadas. Y recibí cartas de algunos de los socios a los que les afectó el cierre en las que me expresaban tristeza, pero también agradecían el trato justo que habían recibido. El uso que los líderes hacen de la inteligencia emocional cuando toman decisiones difíciles es importante para su propio progreso y para el de sus organizaciones.

Habla con tus demonios

David Gergen *dirige el Centro para el Liderazgo Público en la Facultad de Gobierno John F. Kennedy de la Universidad de Cambridge, Massachusetts. Ha sido asesor de los presidentes Richard Nixon, Gerald Ford, Ronald Reagan y Bill Clinton.*

La historia de Estados Unidos no solo sugiere que la inteligencia emocional es un ingrediente indispensable del liderazgo político, también nos dice que estas capacidades pueden mejorarse mediante un esfuerzo constante. George Washington tuvo que trabajar duro para controlar su temperamento furioso antes de convertirse en un modelo de conducta para la república, y Abraham Lincoln tuvo que superar su profunda melancolía para conseguir mostrar ese semblante valiente y afectuoso que lo convirtió en un ser carismático. Franklin Delano Roosevelt proporciona un ejemplo incluso más gráfico: en sus años juveniles, Roosevelt parecía despreocupado y condescendiente. Más tarde, a los 39, sufrió las consecuencias de la polio. Según cuentan, durante los siguientes siete años de lucha se transformó en un líder lleno de empatía, paciencia y auténtica autoconciencia.

Richard Nixon pensó que podría cambiar pasando unos años en la naturaleza. Y logró algún progreso. Pero nunca pudo controlar del todo sus demonios, que acabarían haciéndole caer. También Bill Clinton batalló para lograr el control de sí mismo y, aunque consiguió mejorar, no pudo cerrar del todo las grietas de su carácter; lo que le exigió pagar un duro precio. Así, vemos que no toda la gente consigue alcanzar la conciencia de sí mismo y el autocontrol. Lo que nos han estado diciendo desde la época de la Antigua Grecia es que un líder debe tratar de dominar sus pasiones antes de intentar controlar las ajenas.

El autor superventas Rabbi Harold Kushner dice convincentemente que el egoísmo y la agresión se encuentran en la mayoría de nosotros, y nuestras luchas para superarlos son exactamente las que define un mejor liderazgo. En *Living a Life That Matters*, Kushner escribe sobre los tormentos personales de líderes desde Jacob, que luchó toda la noche con un ángel, hasta Martin Luther King Jr., que trató de librarse de sus debilidades incluso mientras liberaba el alma de la nación. «La buena gente hace cosas malas», concluye Kushner, «si su *yetzer ha'ra* [voluntad de hacer el mal] no les tentara, no serían capaces de hacer las cosas extraordinariamente buenas que hacen».

Encuentra tu voz

William George *fue presidente y director ejecutivos de Medtronic, compañía de tecnología médica de Minneapolis.*

El auténtico liderazgo empieza con la conciencia de uno mismo, o conociéndose a uno mismo de una forma profunda. La autoconciencia no es un rasgo con el que se nace, sino una capacidad que vamos desarrollando durante el transcurso de nuestra vida. Es la comprensión de tus puntos fuertes y débiles, tu propósito en la vida, tus valores y motivaciones, y cómo y por qué respondes a las situaciones de una determinada manera. Requiere mucha capacidad de introspección y la disposición para internalizar el feedback que otros nos dan.

Nadie nace siendo un líder; tenemos que convertirnos de forma consciente en el líder que queremos llegar a ser. Eso lleva muchos años de trabajo duro y la capacidad de aprender de las dificultades y las desilusiones importantes. Pero muchos, en su lucha por alcanzar ese objetivo, se intentan saltar la etapa clave de ese aprendizaje. Algunas de esas personas llegan a la cima de las compañías gracias a una auténtica determinación y agresividad. Sin embargo, cuando al final ocupan la butaca de líder, pueden ser muy destructivas, porque no se han centrado en el duro trabajo del desarrollo personal.

Para esconder sus incompetencias, estas personas tienden a cerrarse en sí mismas, cultivando una imagen o un personaje, en lugar de abrirse a los demás. A menudo adoptan estilos de otros líderes a los que han observado.

Los líderes que, por ejemplo, se mueven intentando tapar sus defectos o por un deseo de autobombo pueden asumir riesgos excesivos en nombre de la organización para la que trabajan. Incluso pueden llegar a creerse que son tan importantes que no está mal colocar sus intereses por encima de los de la organización.

La conciencia de uno mismo y otros rasgos de la inteligencia emocional llegan de forma natural para unos, menos natural para otros, pero esas competencias pueden aprenderse. Una de las técnicas que considero más útiles para alcanzar una autoconciencia más profunda es la meditación. En 1975, mi esposa me arrastró a un curso de meditación trascendental de fin de semana. Desde entonces medito veinte minutos dos veces al día. La meditación me hace más calmado, más centrado y más capaz de discernir lo que de verdad es importante. Por la misma naturaleza de sus puestos, los líderes se encuentran bajo una tremenda presión para atender a las múltiples voces que reclaman su atención. Efectivamente, muchos líderes se pierden. La única forma de encontrar tu voz interior y de escucharla es a través de un profundo autoconocimiento.

Domina la partitura

Michael Tilson Thomas *es director musical de San Francisco Symphony.*

La autoridad de un director de orquesta descansa en dos realidades: la confianza de que la orquesta conoce al detalle toda la partitura, y la fe que tienen en su disposición generosa y amable, que tratará de inspirar a todos para que toquen una música excelente, generosa y sincera.

A los directores de la vieja escuela les gustaba tener el mando en sus manos en todo momento. A mí, no. Algunas veces lo tengo. Otras veces, digo: «Violas, os doy el mando. Escuchaos unos a otros y encontrad vuestro sitio en esta frase». No trato de hacer que la gente ensaye al estilo militar, para que toquen exactamente a la vez. Intento animarles a tocar como uno solo, que es algo distinto. Yo guío la actuación, pero sé que son ellos los que la ejecutan. Es su fuerza, su sentimiento. Yo estoy allí para ayudarles a hacerlo de una forma convincente y que resulte natural para ellos, pero también como parte de un diseño mayor.

Mi forma de lograrlo es conectar con las personas con las que trabajo. Si dirijo una orquesta por primera vez, relacionaré qué quiero que hagan con las cosas geniales que ya han hecho. Si dirijo a mi propia orquesta, soy capaz de ver en los cuerpos y las caras de los músicos cómo se sienten ese día, y para mí está claro quién puede necesitar apoyo y quién puede necesitar una advertencia.

La objetividad y la perspectiva de las que disfruto, al ser la única persona que solamente escucha, es algo poderoso que trato de utilizar para ayudar a la orquesta a alcanzar sus objetivos.

Sé honesto

Carol Bartz *es presidenta y directora ejecutiva de Autodesk, la compañía de diseño de software y de contenidos digitales radicada en San Rafael (California).*

Una amiga mía tenía que cumplir un encargo de seis meses en un lugar del país alejado de su casa. Tenía un perro viejo, enfermo y pelón, lo quería mucho y no podía llevárselo con ella. Sus opciones se reducían a alojarlo en una residencia canina, con el enorme gasto que eso suponía, o a liberar al animal de su evidente sufrimiento. Sus amigos le dijeron: «Déjalo en una residencia». Aunque por detrás de ella comentaban que era una idea ridícula. Ella me preguntó mi opinión, y le dije, con amabilidad pero sin rodeos, que pensaba que debería darle una muerte digna a su perro, en lugar de mantenerlo vivo en un ambiente en el que se sentiría abatido y donde probablemente moriría. Mi amiga se enfureció conmigo. Dejó a su perro en una residencia canina y se marchó a cumplir su encargo. Cuando volvió, el animal estaba a las puertas de la muerte y tuvo que sacrificarlo. No mucho después, vino a darme las gracias: «Eres la única persona que me dijo la verdad». Ella fue capaz de valorar que me importara lo suficiente como para decirle lo que yo creía mejor, incluso sabiendo que le iba a decir algo que en aquel momento la heriría.

Este hecho confirmó una corazonada que me ha sido muy útil desde que dirijo mi compañía: la empatía y la compasión tienen que estar equilibradas con la honestidad. He sentado a gente en mi despacho y les he pedido que solucionaran ciertos problemas por su propio bien y por el de su equipo. Si están dispuestos a aprender, dirán: «Vaya, nadie me lo había dicho». Si no, no son las personas correctas para esta organización. Y tengo que dejar que se vayan en beneficio de un bien mayor.

Busca el gemba

Hirotaka Takeuchi *es decano de la Escuela Universitaria de Estrategia Corporativa Internacional de la Universidad Hitotsubashi en Tokio.*

La conciencia de uno mismo, el autocontrol, la empatía, la humildad y el resto de características que conforman la inteligencia emocional son particularmente importantes en Asia. Son parte de nuestro acento confuciano en *wah*, la armonía social. Cuando se tradujeron al japonés los primeros libros sobre inteligencia artificial, la gente dijo: «Esto ya lo sabemos. En realidad, estamos tratando de superar eso». Hemos estado tan centrados en *wah*, que hemos creado una estructura hipersensible de exquisiteces sociales donde todo el mundo busca el consenso. En la jerarquía japonesa, cada uno conoce su lugar, de modo que nadie resulta nunca humillado. Esa hipersensibilidad social, que es una forma de inteligencia emocional, puede llevar a la gente a mantenerse alejada del conflicto. Pero ocurre que el conflicto es, en muchas ocasiones, la única forma de llegar al *gemba*: la línea de frente, el lugar donde de verdad está la acción, donde reside la verdad.

Así, la gestión eficaz a menudo no depende de resolver el conflicto con pericia y frialdad, o simplemente de evitarlo, sino de abrazarlo en el *gemba*. Los líderes más eficaces en Japón hacen las dos cosas. El mejor ejemplo es Carlos Ghosn, de Nissan. Él no solo tenía las habilidades sociales para escuchar a la gente y persuadirlos de sus ideas, sino que también se atrevía a revelar las verdades a la jerarquía corporativa y a animar a las personas de todos los niveles de la organización a que sugirieran respuestas a los problemas operativos, organizacionales e incluso interpersonales, aunque ello creara conflicto. La gente dejó de estar reprimida, y las soluciones a los problemas de la compañía comenzaron a surgir.

Reparte la carga

Linda Stone *fue vicepresidenta de iniciativas corporativas e industriales de Microsoft en Redmond (Washington).*

La inteligencia emocional es poderosa y, precisamente por esa razón, puede ser peligrosa. Por ejemplo, la empatía es una herramienta extraordinaria para construir relaciones, pero debe usarse con habilidad o podría perjudicar seriamente a la persona que la aplica. En mi caso, el exceso de empatía se cobró un precio físico. En mayo de 2000, Steve Ballmer me encargó renovar las relaciones de Microsoft con la industria, un puesto al que a veces se llama «director ejecutivo escuchador». Era un puesto que tenía distintas funciones: mediador, desarrollador de nuevas iniciativas, identificador de patrones y persona de referencia en casos de emergencia. En los primeros meses del trabajo, cuando las críticas a la compañía estaban en su punto álgido, se hizo evidente que este puesto era un pararrayos. Me lancé a escuchar y a arreglar todo lo que estaba en mis manos.

En pocos meses, el esfuerzo me había agotado. Gané mucho peso; lo que, según acabaron revelando las pruebas médicas, se debía a un desequilibrio hormonal provocado, en parte, por la falta de sueño y el estrés. Recibir las quejas de todo el mundo, quizás hasta un punto extremo, había afectado a mi salud. Esto fue un aviso para despertar: necesitaba reformular mi trabajo.

Me centré en conectar a las personas que necesitaban trabajar juntas para resolver problemas, en lugar de ocuparme de resolver cada problema. Persuadí a las personas clave dentro de la compañía para que escucharan y trabajaran directamente con las personas importantes externas a la compañía, aunque esos compañeros de trabajo al principio eran escépticos sobre la necesidad de esta conexión directa. En cierto sentido, templé mi empatía y trabajé duro para establecer relaciones. Al final, con un uso más sabio y equilibrado de mi empatía, mi trabajo fue más eficaz, y mi función menos estresante.

Cuestiona la autoridad

Ronald Heifetz *es cofundador del Centro para el Liderazgo Público en la Facultad de Gobierno John F. Kennedy de la Universidad de Harvard en Cambridge (Massachusetts). Es también socio de Cambridge Leadership Associates, una consultoría radicada en Cambridge.*

Para el liderazgo, la inteligencia emocional es imprescindible, pero no suficiente. Muchas personas tienen algún grado de inteligencia emocional y sin duda pueden empatizar y animar a sus seguidores; de ellos, algunos pueden incluso proyectar una gran autoridad carismática. Pero diría que, si están utilizando la inteligencia emocional solo para imponer una autoridad formal o informal, eso no es liderazgo en absoluto. Están usando su inteligencia emocional para entender lo que la gente quiere, solo para consentir esos deseos y ganar autoridad e influencia. Las respuestas fáciles venden.

El liderazgo suma la inteligencia emocional a la valentía de plantear las preguntas difíciles y desafiar las suposiciones de la gente sobre estrategia y operaciones, y se arriesga a perder la benevolencia de los demás. El liderazgo auténtico exige el compromiso de servir a los otros; habilidades de razonamiento táctico, estratégico y diagnóstico; el arrojo para salir a la superficie en las situaciones duras, y el corazón para aguantar los problemas y cargar con su peso.

Por ejemplo, David Duke hizo el extraordinario trabajo de convencer a los miembros del Ku Klux Klan de que salieran de sus casas para llevarlos a la sala de conferencias de un hotel. Utilizó su magnífica inteligencia emocional para conseguir un resultado, su capacidad de empatizar con sus seguidores, para despertar su simpatía de una forma poderosa que logró movilizarlos. Pero evitó formular a su gente las preguntas difíciles: ¿Nuestro programa resuelve realmente el problema? ¿De qué forma crear una estructura social de supremacía blanca nos dará la autoestima que nos falta? ¿Cómo solucionaremos los problemas de pobreza, alcoholismo y violencia familiar que corroen nuestro sentido de valía personal?

Como a Duke, a muchas personas con una inteligencia emocional elevada y con autoridad carismática no les interesa plantear cuestiones profundas, porque obtienen un gran beneficio emocional de las multitudes que les adoran. Para ellos, ese es el fin en sí mismo. Están satisfaciendo sus propios apetitos y vulnerabilidades: su necesidad de gustar, de poder y de control, de ser necesitados, de sentirse importantes, y todo ello les pone en riesgo de darse demasiada importancia. Pero eso no es un liderazgo auténtico. Es un auténtico apetito por la autoridad.

Mantener la propia posición o las propias prioridades no es el liderazgo, por muy inspirador que pueda parecer. Obtener una autoridad rudimentaria es relativamente fácil.

Capítulo 2

¿Lideras con inteligencia emocional?

Annie McKee

Los grandes líderes nos mueven, nos inspiran, nos motivan y nos llenan de energía. ¿Cómo lo hacen? Lo consiguen mediante la inteligencia emocional. Dan Goleman nos abrió los ojos con su libro pionero sobre el tema, publicado en 1995. Desde entonces hemos aprendido mucho sobre las competencias de la inteligencia emocional, como la conciencia de uno mismo y la empatía, y sobre qué puede hacer la gente para desarrollarlas. Para saber más sobre tu propia inteligencia emocional, responde a las afirmaciones de este cuestionario tan sinceramente como puedas, marcando la columna «siempre» o «nunca».

Para calcular tu puntuación, a medida que acabes cada sección cuenta las marcas en cada columna y anota el número en la línea «Total por columna». Multiplica tu puntuación total de cada columna por el número que aparece en la fila inferior y apúntalo en la fila de debajo. Suma toda esta columna para obtener tu puntuación total sobre cómo te percibes en cada una de las dimensiones de tu inteligencia emocional.

Reflexionar sobre tus fortalezas y tus puntos susceptibles de mejora es importante, pero no te detengas aquí. Los puntos de vista de los demás también importan. Después de revisar tus puntuaciones, pide a uno o dos amigos de confianza que te evalúen usando las mismas afirmaciones para aprender lo que otros ven en ti.

CÓMO TE DESCRIBIRÍAS	Siempre	La mayor parte del tiempo	Con frecuencia	Algunas veces	Raramente	Nunca
AUTOCONCIENCIA EMOCIONAL						
1 Puedo describir mis emociones en el momento que las siento.						
2 Puedo describir mis sentimientos detalladamente, más allá de «feliz», «triste», «enfadado», y así sucesivamente.						
3 Entiendo las razones de mis sentimientos.						
4 Entiendo cómo el estrés afecta a mi estado de ánimo y mi conducta.						
5 Entiendo los puntos fuertes y mejorables de mi liderazgo.						
Total por columna						
Puntos por respuesta	x 5	x 4	x 3	x 2	x 1	x 0
Multiplica las dos filas superiores						
PUNTUACIÓN TOTAL DE AUTOCONCIENCIA (*suma de las filas superiores*)						
ACTITUD POSITIVA						
6 Soy optimista ante las circunstancias difíciles.						
7 Me centro en las oportunidades, más que en los obstáculos.						
8 Pienso que la gente es buena y tiene buenas intenciones.						
9 Espero el futuro.						
10 Me siento esperanzado.						
Total por columna						
Puntos por respuesta	x 5	x 4	x 3	x 2	x 1	x 0
Multiplica las dos filas superiores						
PUNTUACIÓN TOTAL DE ACTITUD POSITIVA (*suma de las filas superiores*)						

CÓMO TE DESCRIBIRÍAS	Siempre	La mayor parte del tiempo	Con frecuencia	Algunas veces	Raramente	Nunca
AUTOCONTROL EMOCIONAL						
11 Gestiono bien el estrés.						
12 Me mantengo calmado en circunstancias de presión o agitación emocional.						
13 Controlo mis impulsos.						
14 Empleo mis emociones intensas —como ira, miedo y alegría— de forma apropiada y por el bien de otros.						
15 Soy paciente.						
Total por columna						
Puntos por respuesta	x 5	x 4	x 3	x 2	x 1	x 0
Multiplica las dos filas superiores						
PUNTUACIÓN TOTAL DE AUTOCONTROL EMOCIONAL (*suma de las filas superiores*)						
ADAPTABILIDAD						
16 Soy flexible cuando las situaciones cambian de forma inesperada.						
17 Soy experto en gestionar demandas múltiples y en conflicto.						
18 Puedo adecuar fácilmente los objetivos cuando las circunstancias cambian.						
19 Puedo cambiar mis prioridades rápidamente.						
20 Me adapto fácilmente cuando una situación es incierta o cambiante.						
Total por columna						
Puntos por respuesta	x 5	x 4	x 3	x 2	x 1	x 0
Multiplica las dos filas superiores						
PUNTUACIÓN TOTAL DE ADAPTABILIDAD (*suma de las filas superiores*)						

CÓMO TE DESCRIBIRÍAS	Siempre	La mayor parte del tiempo	Con frecuencia	Algunas veces	Raramente	Nunca
EMPATÍA						
21 Me esfuerzo por entender los sentimientos de las personas.						
22 Mi curiosidad acerca de los demás me lleva a escucharlos con atención.						
23 Intento entender por qué las personas se comportan de la forma en que lo hacen.						
24 Entiendo con facilidad los puntos de vista de los demás, incluso cuando son distintos de los míos.						
25 Entiendo cómo las experiencias de otras personas afectan a sus sentimientos, pensamientos y conducta.						
Total por columna						
Puntos por respuesta	x 5	x 4	x 3	x 2	x 1	x 0
Multiplica las dos filas superiores						
PUNTUACIÓN TOTAL DE EMPATÍA (*suma de las filas superiores*)						

Annie McKee

Es investigadora de la Universidad de Pennsylvania, directora del Programa Doctoral Ejecutivo PennCLO y fundadora del Teleos Leadership Institute. Es coautora, junto con Daniel Goleman y Richard Boyatzis, de *Primal Leadership* (Harvard Business Review Press, 2013) y también de *El líder resonante crea más*[1] y *Becoming a Resonant Leader* (Harvard Business Review Press, 2008). Su último libro es *How to be Happy at Work* (Harvard Business Review, 2017).

1 Goleman, D., Boyatzis, R. E., & McKee, A. *El líder resonante crea más* (Barcelona: Debolsillo, 2012).

Parte dos

Autoconciencia: entender tus emociones, conocer tus conductas

Capítulo 3

El primer componente de la inteligencia emocional

Daniel Goleman

La autoconciencia es el componente más importante de la inteligencia emocional; esto tiene sentido si tenemos en cuenta que, miles de años atrás, el oráculo de Delfos ya aconsejaba el famoso «Conócete a ti mismo». La autoconciencia implica tener un conocimiento profundo de nuestras emociones, fortalezas, debilidades, necesidades e impulsos. Las personas con una autoconciencia fuerte no suelen mostrarse demasiado críticas ni suelen alejarse de la realidad con su optimismo. Al contrario, son personas honestas con ellas mismas y con los demás.

Las personas con niveles altos de autoconciencia reconocen cómo sus sentimientos les afectan a ellas mismas, a los demás y a su rendimiento en el trabajo. Así, una persona que se conoce a sí misma y que sabe que las fechas límite le afectan negativamente planeará su agenda con cuidado y hará su trabajo con tiempo. Otra persona con un nivel alto de autoconciencia podrá trabajar con un cliente exigente, porque entenderá no solo el efecto que el cliente puede tener en su estado de ánimo, sino también las razones más profundas de su frustración. «Sus exigencias triviales nos apartan del trabajo que realmente hay que hacer», podría argumentar. Es más, una persona con un alto nivel de autoconciencia irá un paso más allá transformando el enfado en algo constructivo.

La autoconciencia significa que una persona conoce sus valores y sus objetivos. Alguien que es muy consciente de sí mismo sabe dónde se dirige y por qué. Así pues, podrá mostrarse firme a la hora de rechazar una oferta laboral económicamente tentadora, pero que no encaja con sus principios o con sus objetivos a largo plazo. Una persona que carece de autoconciencia acostumbra a tomar decisiones que pueden crearle debates internos porque atentan contra valores muy arraigados en él. A los dos años de aceptar un trabajo podría decir: «Firmé porque el sueldo estaba muy bien, pero el trabajo me aporta tan poco que me aburro». Las decisiones que toman las personas con autoconciencia concuerdan con sus valores; precisamente por esto suelen pensar que el trabajo les resulta energizante.

¿Cómo puede uno reconocer la autoconciencia? Ante todo, se muestra como el candor y la capacidad de evaluarse uno mismo de manera realista. Las personas con un nivel alto de autoconciencia son capaces de hablar con precisión y abiertamente —que no de manera efusiva o a modo de confesión— sobre sus emociones y el impacto de estas en su trabajo. Por ejemplo, una directora que conocí se mostraba escéptica ante el servicio de asesor personal de compras que su empresa, una importante cadena de centros comerciales, estaba a punto de introducir. Sin que su equipo ni su jefe se lo pidieran, les dio una explicación: «Me resulta difícil respaldar el lanzamiento de este servicio porque, en realidad, quería llevar yo el proyecto, pero no me seleccionaron. Tengan paciencia conmigo mientras no lo resuelva». Su jefe analizó los sentimientos de su empleada y, una semana después, ella ya estaba totalmente comprometida con el proyecto.

Este conocimiento de uno mismo a menudo se muestra en el proceso de selección. Pregúntale a un candidato que describa una ocasión en la que se dejó llevar por sus sentimientos e hizo algo de lo que, más tarde, se arrepintió. Los candidatos con autoconciencia serán honestos y admitirán haberse equivocado —y seguramente lo harán con una sonrisa en la boca—. Uno de los sellos distintivos de la autoconciencia es un sentido del humor muy crítico consigo mismo.

También se puede identificar la autoconciencia durante las evaluaciones de rendimiento de los empleados. Aquellos con autoconciencia conocen sus limitaciones y fortalezas —y se sienten cómodos hablando de ellas—, y a menudo muestran interés en recibir una crítica constructiva. Por el contrario, aquellos con una autoconciencia baja pueden interpretar un consejo de que deberían mejorar como una amenaza o una señal de fracaso.

También se puede reconocer a las personas con autoconciencia por la confianza en sí mismas que demuestran. Conocen muy bien sus capacidades y son menos propensas a caer en el fracaso, por ejemplo exigiéndose demasiado en un proyecto. Saben, también, cuándo pedir ayuda. Además, los riesgos que toman en el trabajo están muy bien calculados. No solicitarán un reto que saben que no podrán manejar solos. Siempre jugarán según sus fortalezas.

Veamos las acciones de una empleada de nivel intermedio a quien se invitó a asistir a una reunión de estrategia con altos directivos. A pesar de ser la persona más junior de la sala, no se quedó sentada, escuchando impresionada o sumida en un silencio temeroso. Sabía que tenía la habilidad de razonar con lógica y la capacidad de presentar las ideas de manera persuasiva, y ofreció propuestas convincentes acerca de la estrategia de la empresa. A la vez, su autoconciencia le permitió alejarse de los asuntos en los que sabía que se podría mostrar débil.

A pesar del valor que representa tener empleados con autoconciencia, mis investigaciones indican que los ejecutivos sénior no le otorgan mucha importancia a la hora de buscar líderes potenciales. Muchos ejecutivos se equivocan en considerar a aquellos que son sinceros con sus sentimientos como unos «debiluchos», y no muestran respeto por los empleados que reconocen sus defectos. A estos se los desestima demasiado pronto argumentando que «no son lo suficientemente duros» para liderar a los demás.

CÓMO SE HACE UN LÍDER

¿Qué diferencia hay entre un gran líder y uno simplemente bueno? No es el CI ni las capacidades técnicas. Es la inteligencia emocional: un grupo de cinco competencias que permite a los mejores líderes maximizar su propio rendimiento *y* el de sus seguidores. Cuando los directivos sénior de una empresa disponían de una masa crítica de competencias en inteligencia emocional (IE), sus divisiones superaban los objetivos de ganancias anuales en un 20 %.

Estas competencias en IE son:

- *Autoconciencia*: conocer nuestras fortalezas, debilidades, impulsos, valores e impacto en los otros.
- *Autorregulación*: controlar o redirigir impulsos y estados de ánimo disruptivos.
- *Motivación*: disfrutar de los logros por lo que son.
- *Empatía*: entender el carácter emocional de los demás.
- *Habilidad social*: construir buenas relaciones con los demás para encaminarlos en la dirección deseada.

Todos nacemos con unos ciertos niveles de IE. Pero podemos fortalecer estas competencias con perseverancia, práctica y *feedback* de nuestros colegas o *coaches*.

De hecho, pasa justo lo contrario. En primer lugar, las personas generalmente admiran y respetan la sinceridad. Además, a los líderes se les requiere constantemente que juzguen a los demás, y que lo hagan con una evaluación justa de las capacidades —de las suyas y de las de los demás—. ¿Tenemos la experiencia en gestión para adquirir un competidor? ¿Podemos lanzar un producto nuevo en seis meses? Las personas que se evalúan a sí mismas honestamente —es decir, las personas con autoconciencia— están preparadas para hacer lo mismo para las organizaciones que dirigen.

Daniel Goleman

Codirector del Consorcio para la Investigación en Inteligencia Emocional en Organizaciones en la Universidad Rutgers. También es coautor de *Primal Leadership: Unleashing the Power of Emotional Intelligence*, y autor de *The Brain and Emotional Intelligence: New Insights, Leadership: Selected Writings* y de *A Force for Good: The Dalai Lama's Vision for Our World*. Su último libro es *Altered Traits: Science Reveals How Meditation Changes Your Mind, Brain, and Body*.

Capítulo 4

No puedes gestionar tus emociones sin conocerlas de verdad

Art Markman

A estas alturas, todo el mundo sabe que la inteligencia emocional importa en el trabajo. Sin embargo, hay dos aspectos de las emociones que hacen que a las personas les cueste poner en práctica su inteligencia emocional. Primero, la mayoría de la gente no tiene del todo claro qué son las emociones. Segundo, incluso entendiendo las emociones de forma conceptual, puede seguir siendo difícil lidiar con nuestros propios estados emocionales.

Para abordar el primer problema, hemos de pensar que, aunque coloquialmente utilizamos de forma indistinta los conceptos de *sentimiento* y *emoción*, los psicólogos los diferencian. Las emociones son interpretaciones de los sentimientos.

Tus sentimientos (lo que los psicólogos llaman «afectos») emergen de tu sistema motivacional. Generalmente, te sientes bien cuando logras tus objetivos, y mal cuando no es así. Cuanto más profundamente se implica tu sistema motivacional en una situación, más fuertes son tus sentimientos.

Sin embargo, el sistema motivacional no está tan bien conectado con las regiones cerebrales que te ayudan a contar historias sobre el mundo. Para entender lo que sientes, usas información sobre lo que sucede a tu alrededor, de modo que puedas traducir esos sentimientos a emociones; las emociones ayudan a orientar tus acciones dándote un *feedback* explícito sobre lo bien que estás alcanzando los objetivos en los que tu sistema motivacional está comprometido.

Muchas veces la interpretación es sencilla. Si estás cruzando la calle y de repente tienes que apartarte para evitar un coche, está claro que el fuerte sentimiento negativo que sientes es miedo porque has estado a punto de que te atropelle el coche. Si un compañero de trabajo te felicita por un trabajo bien hecho, es obvio que tus sentimientos positivos son de orgullo.

Pero las cosas no siempre son tan claras. Puedes tener una discusión con un miembro de tu familia antes de irte a trabajar. A medida que el día pasa, puedes interpretar tus sentimientos negativos como frustración con el proyecto en el que trabajas, en lugar de atribuir el sentimiento negativo a los acontecimientos de la mañana.

Son muchas las personas que tratan de seguir adelante sin reparar en sus sentimientos negativos, en lugar de tratar de entenderlos. Pero es una oportunidad perdida. Las emociones proporcionan una valiosa información sobre el estado de tu sistema motivacional. Ignorarlas es como seguir conduciendo perdido, y no solo rechazas pedir indicaciones, sino que te niegas a consultar el mapa o el GPS, o incluso a mirar a través del parabrisas. Seguirás hacia adelante, pero ¿quién sabe adónde acabarás? Por el contrario, prestar demasiada atención a tus sentimientos también es nocivo. Es como quedarte contemplando tu mapa de carretera sin siquiera volver al coche. Así no vas a llegar a ningún sitio.

Cuando los sentimientos negativos aparezcan, ralentízate y analiza lo que sientes y por qué te sientes así.

Cuando te sientas estresado, ansioso o enfadado, tómate cinco o diez minutos para ti durante el día. Siéntate a solas y respira profundamente. Las respiraciones profundas ayudan a liberar de energía a los sentimientos que tienes. Eso puede dejarte pensar con más claridad.

Luego piensa en alguno de los acontecimientos de tu día. Presta atención a cómo esos pensamientos influyen en lo que sientes. ¿Hay unos acontecimientos determinados que aumenten o reduzcan la intensidad de esos sentimientos?

Puede que la primera vez que hagas esto no entiendas del todo la fuente de tus sentimientos. Con el tiempo, te acostumbrarás a prestar atención a cuándo y dónde empiezas a sentirte mal.

Por supuesto, una vez que hayas descubierto qué causa tu inquietud, es hora de preparar un plan de acción. Si sigues pensando en cosas que te molestan, corres el riesgo de no resolver nada y de seguir enfadándote. En lugar de eso, utiliza tu conocimiento sobre el origen del sentimiento negativo para descubrir cómo lidiar con ello.

Finalmente, si estás realmente molesto con alguien, concédete la oportunidad de calmarte antes de poner en marcha tu plan de acción. Quizá aquellas respuestas que parecían tan acertadas en aquel momento no lo sean tanto cuando las piensas en frío.

Estar dispuesto a entender tus sentimientos tendrá dos beneficios a largo plazo. Primero, te ayudará a descubrir algunos de los aspectos de tu vida que te provocan sentimientos negativos. Esto resulta útil, porque no es deseable malinterpretar los propios sentimientos negativos y atribuirlos a una razón equivocada. Por ejemplo, querrás saber cuándo los acontecimientos de tu vida personal están afectando a tu trabajo y te están haciendo sentir mal cuando realizas tus tareas. En segundo lugar, al entender las fuentes de tus propias emociones, te convertirás en experto en entender también a la gente que te rodea. A menudo, ignoramos nuestros propios sentimientos y, además, también ignoramos los de nuestros compañeros.

Cuando puedas entender mejor qué son las emociones y de dónde proceden las tuyas, habrás mejorado tu habilidad para poner en práctica la inteligencia emocional.

Art Markman

Profesor de psicología y marketing de la cátedra Annabel Irion Worsham Centennial en la Universidad de Texas en Austin y director fundador del programa Human Dimensions of Organizations. Ha publicado más de 150 artículos académicos sobre temas como el razonamiento, la toma de decisiones y la motivación. Es autor de varios libros, entre otros *Smart Thinking, Smart Change* y *Habits of Leadership*.

Capítulo 5

Un vocabulario de tus emociones

Susan David

Afrontar con eficacia las emociones es una competencia fundamental del liderazgo. Y poner un nombre a nuestras emociones, lo que los psicológicos llaman «etiquetarlas», es un importante primer paso para lidiar con ellas de forma efectiva. Pero lo cierto es que resulta más difícil de lo que parece: muchos de nosotros nos esforzamos en identificar qué estamos sintiendo exactamente, y a menudo la etiqueta más evidente en realidad no es la más precisa.

Hay distintas razones por las que esto nos resulta tan difícil: nos han enseñado a creer que las emociones intensas deben eliminarse. Tenemos ciertas reglas sociales y organizacionales, a menudo no explícitas, contra la expresión de emociones. O tal vez no hemos aprendido nunca un lenguaje que describa de forma exacta nuestras emociones. Veamos estos dos ejemplos:

Neena está en una reunión con Jared, que todo el tiempo ha estado diciendo cosas que la ponen al límite. Además de interrumpirla en cada turno de palabra, recuerda una vez más aquel proyecto en el que ella trabajó y que resultó ser un fracaso. Ella está muy enfadada.

Mihhail llega a casa después de un largo día y suspira mientras cuelga su abrigo. Su mujer le pregunta si le pasa algo: «Solo estoy estresado», responde, sacando su portátil para terminar un informe.

La ira y el estrés son dos de las emociones que vemos con más frecuencia en el lugar de trabajo, o al menos esas son las denominaciones más frecuentes para estas emociones. Sin embargo, a menudo están ocultas tras sentimientos más profundos que podríamos, y deberíamos, describir de formas más precisas y con mayores matices. Esto nos permitiría desarrollar mayores niveles de *agilidad emocional* y una capacidad crítica para interactuar con mayor eficacia con nosotros mismos y con el mundo.

Sí, Neena puede estar enfurecida, pero ¿y si también está triste porque su proyecto fracasó, y tal vez también algo ansiosa porque es difícil borrar ese fracaso que mancha su carrera? Con Jared interrumpiéndola con tanta frecuencia, esa ansiedad parece cada vez más justificada. ¿Por qué no funcionó el proyecto? ¿Y qué va a pasar ahora con su empleo? Todas esas emociones alimentan su angustia, pero son sentimientos distintos que debe identificar y abordar.

¿Y qué ocurre si detrás del estrés de Mikhail se oculta que no está seguro de haber escogido la carrera correcta? Los días largos solían ser entretenidos, ¿por qué han dejado de serlo? Seguro que está estresado, pero ¿qué hay detrás de eso?

Estas preguntas abren un mundo de potenciales preguntas y respuestas para Neena y Mikhail. Como ellos, necesitamos un vocabulario de las emociones con un mayor número de matices; no solo para ser más precisos, sino porque identificar incorrectamente nuestras emociones hará que respondamos a ellas de forma incorrecta. Si pensamos que necesitamos prestar atención a la ira, actuaremos de forma distinta que si manejamos la decepción o la ansiedad, o podemos no hacer nada en absoluto. Se ha demostrado que, cuando las personas no reconocen y abordan sus emociones, su nivel de bienestar es menor y presentan más síntomas físicos de estrés, como la jaqueca.[1] Evitar nuestros sentimientos tiene un coste.[2] Por otro lado, un vocabulario correcto nos permite ver el problema real, tomar una experiencia confusa, entenderla con claridad y establecer una hoja de ruta para solucionar el problema.[3]

A continuación, veremos tres formas de obtener un juicio más correcto y preciso de tus emociones.

Amplía tu vocabulario emocional

Las palabras cuentan. Si estás experimentando una emoción intensa, tómate un tiempo para pensar cómo denominarla. Pero no te detengas en ello: una vez que la hayas identificado, intenta encontrar dos palabras más que describan cómo te sientes. Quizás te sorprenda la amplitud de emociones que tienes, o descubras una emoción más profunda oculta bajo la más evidente.

El anexo 2 muestra una lista de términos para designar distintas emociones. En internet, puedes encontrar muchos más buscando cualquiera emoción.

También es importante que hagas esto con las emociones positivas, no solo con las negativas. Ser capaz de decir que estás entusiasmado con un nuevo empleo —no solo «nervioso»— o que confías en un compañero —no solo que es «simpático»—, por ejemplo, te ayudará a establecer tus intenciones en la relación, de forma que las probabilidades de que la relación prospere en el futuro sean mayores.

---

1 Todd B. Kashdan. «Unpacking Emotion Differentiation: Transforming Unpleasant Experience by Perceiving Distinctions in Negativity», en *Current Directions in Psychological Science 24*, n.o 1 (2015).

2 Tori Rodriguez. «Negative Emotions Are Key to Well-Being», en *Scientific American Mind*, 1 mayo de 2013. http://cort.as/-_HkU.

3 Lisa Feldman Barrett et al. «Knowing What You're Feeling and Knowing What to Do About It: Mapping the Difference Between Emotion Differentiation and Emotion Regulation», en *Cognition and Emotion* 15, n.o 6 (2001): pp. 713-724.

ANEXO 2

Términos para designar distintas emociones

Enfadado	Triste	Ansioso	Herido	Avergonzado	Feliz
Cascarrabias	Decepcionado	Asustado	Celoso	Aislado	Agradecido
Frustrado	Apenado	Estresado	Traicionado	Autoconsciente	Confiado
Molesto	Arrepentido	Vulnerable	Aislado	Solitario	Cómodo
A la defensiva	Deprimido	Confundido	En shock	Inferior	Satisfecho
Resentido	Paralizado	Perplejo	Desfavorecido	Culpable	Entusiasmado
Impaciente	Pesimista	Escéptico	Victimizado	Culpable	Relajado
Disgustado	A punto de llorar	Preocupado	Perjudicado	Asqueado	Aliviado
Ofendido	Abatido	Precavido	Afligido	Patético	Eufórico
Irritado	Desilusionado	Nervioso	Abandonado	Confuso	Confiado

Valora la intensidad de una emoción

Somos propensos a soltar adjetivos básicos, como «enojado» o «estresado», incluso cuando nuestros sentimientos son mucho menos extremos. Tenía un cliente, llamémosle Ed, que estaba pasando por dificultades en su matrimonio. A menudo describía a su esposa como «enojada» y él solía reaccionar enfadándose. Pero, como sugiere el anexo 2, cada emoción se puede presentar de formas distintas. Cuando hablé con Ed de otras posibles palabras que describieran las emociones de su esposa, se dio cuenta de que había veces en las que ella solo estaba algo molesta o impaciente. Esta revelación cambió completamente su relación, porque de repente pudo ver que ella no estaba simplemente enfadada todo el tiempo, y consecuentemente pudo responder a la emoción o la preocupación específica de ella sin tener que enfadarse. De forma parecida, en tu propia autovaloración es importante que distingas si estás enfadado o simplemente un poco cascarrabias, triste o solo impresionado, eufórico o solo complacido.

A medida que etiquetes tus emociones, puntúalas también en una escala del 1 al 10. ¿Con qué profundidad sientes una emoción? ¿Cuál es su urgencia o su intensidad? ¿Te hace esto escoger un grupo distinto de palabras?

Escríbelo todo

James Pennebaker ha investigado durante cuarenta años la relación entre la escritura y el procesamiento emocional. Sus experimentos han demostrado que las personas que escriben sobre episodios con carga emocional ven cómo su bienestar físico y mental aumenta. Aún más, en un estudio realizado entre trabajadores despedidos: aquellos que ahondaron en sus sentimientos de humillación, ira, ansiedad y relaciones difíciles tuvieron tres veces más posibilidades de encontrar un nuevo empleo que los del otro grupo.

Estos experimentos también revelaron que, con el tiempo, los que escribieron sobre sus sentimientos empezaron a desarrollar percepciones de lo que significaban sus sentimientos —o de lo que no significaban—, usando frases como «He aprendido...», «Me pareció que...», «La razón por la que...», «Ahora me doy cuenta de que...» y «Entiendo que...». El proceso de escribir les hizo ganar una nueva perspectiva sobre sus emociones y entenderlas con más claridad, así como las implicaciones que conllevaban.

Veamos un ejercicio muy útil para reflexionar mediante la escritura. Puedes hacer esto cada día, pero es especialmente importante que lo pongas en práctica cuando pases por una época difícil o por una gran transición, o si te sientes en estado de agitación emocional.

- Pon un temporizador durante veinte minutos.
- En un cuaderno o un ordenador, escribe sobre tus experiencias emocionales de la semana, mes o año pasado.

- No intentes que sea un escrito perfecto o legible; déjate llevar por tu mente.
- Al final, no tienes que guardar el documento. La idea es que esos pensamientos ahora han aflorado y están sobre la página o la pantalla.

Cuando trates de entender las emociones de otra persona, también puedes usar estas tres posibilidades: ampliar tu vocabulario, percibir la intensidad de una emoción y escribirlo todo. Como vimos en el ejemplo de Ed y su esposa, es probable que identifiquemos incorrectamente algunas de las emociones de los demás, con consecuencias que complican la situación. Al entender los sentimientos de los demás más correctamente, estarás mejor preparado para responder de un modo constructivo.

Una vez que entiendas lo que sientes, puedes abordar y aprender de tus sentimientos descritos con mayor precisión. Que Neena se ocupe de la tristeza y el arrepentimiento que siente ante el proyecto en el que fracasó, al igual que sobre la ansiedad que ello le despierta por el futuro de su carrera, es más productivo que si trata de averiguar cómo gestionar su ira contra Jared. Y, si Mikhail reconoce su propia ansiedad por su carrera, podrá empezar a trazar un plan para diseñar su futuro de forma más intencionada, en lugar de simplemente enredarse en más trabajos cuando llega a casa por las noches.

Susan David

Fundadora del Harvard/McLean Institute of Coaching de la facultad de medicina de la Universidad de Harvard. Es autora de *Emotional Agility* (Avery, 2016), basado en el concepto bautizado por HBR como Idea de Gestión del Año. Como conferenciante y consultora, David ha trabajado con altos directivos de cientos de las principales organizaciones; entre otras, Naciones Unidas, Ernst & Young y el Foro Económico Mundial. Puede encontrarse más información en www.susandavid.com o en la cuenta de Twitter @SusanDavid_PhD.

Capítulo 6

¿Seguro que eres respetuoso?

CHRISTINE PORATH

Durante los últimos veinte años me he dedicado a estudiar cuál es el precio de las faltas de respeto, así como los beneficios que reportan las conductas respetuosas. De forma generalizada, he llegado a la conclusión de que la cortesía compensa. Mejora tu influencia y tu rendimiento, porque se asocia de forma positiva con la percepción del líder.[1]

Sin embargo, ser respetuoso no solo te beneficia personalmente. En un estudio con cerca de veinte mil empleados de todo el mundo impulsado por HBR observé que, cuando se trata de obtener el compromiso y la implicación de los empleados, hay algo que los líderes deben demostrar: respeto. En los resultados que medimos, ningún otro comportamiento de liderazgo tuvo un mayor efecto sobre los empleados. Ser tratado con respeto era más importante para ellos que recibir reconocimiento y agradecimiento, que se les comunicara una visión inspiradora, que se les proporcionaran evaluaciones útiles o incluso que se les ofrecieran oportunidades de aprendizaje, crecimiento y desarrollo.

1 Christine L. Porath et al. «The Effects of Civility on Advice, Leadership, and Performance», *Journal of Applied Psychology* 100 nº. 5, (septiembre 2015): 1527–1541.

Sin embargo, incluso cuando los líderes saben que mostrar respeto es tan valioso, para muchos, hacerlo representa un esfuerzo. Si eres uno de esos ellos, los siguientes pasos te ayudarán:

Pide opiniones de tus mejores comportamientos

Esta técnica, creada por la investigadora Laura Roberts y su equipo, te ayudará a descubrir tu «yo» más respetuoso.[2] Recaba comentarios por correo de unas diez personas (compañeros de trabajo, amigos, familia). Pide a cada uno de ellos ejemplos positivos de tu mejor comportamiento. ¿Cuándo y cómo te han visto tratar bien a la gente? Cuando tengas los comentarios, intenta organizarlos resumiéndolos y categorizándolos en temas. Por ejemplo, crea una tabla con columnas para generalidades, ejemplos de tu comportamiento y tus pensamientos. También puedes utilizar Wordle.net para identificar temas —obtendrás una imagen en colores que puede ayudarte a recordar tu mejor «yo», tu parte más cordial—. Luego, busca patrones: ¿Cuándo, dónde, cómo, con quién estás en tu mejor momento? Utiliza tus ideas para reforzar lo que estás haciendo bien. Sé consciente de otras oportunidades para mostrar tu parte más respetuosa. Aprovecha tus fortalezas interpersonales.

Descubre tus defectos

Recoge comentarios sinceros de tus compañeros y amigos no solo sobre las acciones con las que trasmites respeto, sino también sobre cómo puedes mejorarlas. En concreto, ¿cuáles son tus defectos? Elige a un par de compañeros de confianza de quienes sepas que, tanto a ti como a la empresa, os desean lo mejor. Deben ser personas de las que

---

2 Center for Positive Organizations, «Reflected Best Self Exercise», http://positiveorgs.bus.umich.edu/cpo-tools/reflected-best-self-exercise-2nd-edition/.

piensas que te hablarán con sinceridad y honestidad. Pídeles su parecer sobre cómo tratas a la gente. ¿Qué haces bien? ¿Qué podrías hacer mejor? Escúchales con atención.

Veamos lo que hizo el teniente Christopher Manning, un oficial de inteligencia naval del Pentágono que ha sistematizado formas de obtener comentarios de sus subordinados de forma permanente. El teniente amplió el alcance de las encuestas anónimas de evaluación para incluir no solo cómo se podría mejorar la organización y su propia conducta como líder, sino también la felicidad personal de los miembros de su equipo —por ejemplo, incluyendo en qué grado la gente se sentía apoyada por él— y el equilibrio entre la vida laboral y familiar. También puso en marcha un buzón anónimo de comentarios y fomentó una política de puertas abiertas. Incluso ofreció incentivos para las críticas más perspicaces, como la oportunidad de asistir a un curso o conferencia, tiempo libre extra o reconocimiento público. Además, a menudo se reunía cara a cara con sus subordinados. La retroalimentación regular de estas fuentes le ha ayudado a perfeccionar sus habilidades. La bonificación: se ha encontrado con que sus subordinados están más comprometidos y le respetan más.

Si te resulta incómodo pedir la opinión a todo tu equipo, también puedes pedir a un subordinado de confianza que recoja opiniones dentro de la organización acerca de si el líder (tú) normalmente trata a la gente con respeto y en qué situaciones puede actuar más descortés.

Trabaja con un coach

Los coaches pueden sacar a la luz posibles debilidades a través de cuestionarios y entrevistas con sus clientes. También pueden acompañarte, como observadores, a reuniones y eventos para captar posibles sutilezas, incluida la comunicación no verbal. Un coach experto puede desvelar algunas creencias implícitas: experiencias y cualidades personales que hacen que uno sea propenso a conductas poco respetuosas.

Pregunta de forma específica cómo puedes mejorar

Una vez que tengas claro qué comportamientos deseas mejorar, recoge información de otros sobre la mejor manera de hacerlo. Este método de «feedback anticipado», creado por el autor Marshall Goldsmith, es una manera genial de reunir ideas específicas para mejorar tu comportamiento. El proceso consta de cinco pasos:

1. Describe tu objetivo de forma clara y sencilla a cualquier persona que conozcas.
2. Pide dos sugerencias. Fomenta las ideas creativas.
3. Escucha cuidadosamente. Anota las sugerencias.
4. Responde diciendo «gracias». Nada más. Sin excusas ni comentarios defensivos.
5. Repite estos pasos preguntando a otras personas.

Implica a tu equipo para seguir rindiendo cuentas

Elige un cambio que pueda mejorar tu comportamiento y luego experimenta: pide a tu equipo que te ayuden avisándote en el momento en el que observen mejoras. Por ejemplo, después de una reunión, pregúntales si han visto un cambio positivo en el comportamiento que estás tratando de mejorar. ¿Cuál fue el impacto?

Veamos el siguiente ejemplo. Una mujer que conozco, llamémosla Karen, pidió a su equipo que la ayudara a cambiar un comportamiento específico. Su equipo cada vez estaba más frustrado por su incapacidad para escucharlos y darles poder de actuación. Aunque era muy inteligente, constantemente interrumpía a las personas en las reuniones y asumía ideas iniciales incluso antes de que pudieran presentarse. Karen trabajó con un coach para desarrollar una técnica que le permitiera evitar este patrón de conducta; en este caso, golpeando con el pie cada vez que quisiera interrumpir a alguien —otros coaches utilizan técnicas similares, como contar hasta diez—. Informó a su equipo de que estaba trabajando en este comportamiento y, tras un par de días de reuniones, comprobó con ellos su progreso. Esto la ayudó a sentar un precedente para mantener diálogos más abiertos y para establecer un sentido compartido de que los miembros del equipo podían contar unos con otros para apoyarse en su propio desarrollo.

Tómate tiempo para reflexionar

Escribir un diario te ayudará a recoger información sobre cuándo, dónde y por qué tienes tus mejores comportamientos y cuándo eres irrespetuoso. Identifica situaciones que te hagan perder la paciencia. Una líder con la que trabajé, de nombre Mónica, se dio cuenta de que era menos respetuosa con los demás por las tardes. Se ponía en acción antes de las cinco de la mañana. Cuando llegaba la tarde, estaba cansada y menos activada emocionalmente. Era más brusca en sus conversaciones y menos educada en sus correos electrónicos. Antes de que empezara a escribir su diario y a reflexionar sobre su día, no estaba al tanto del efecto de la hora del día en su comportamiento, y de cómo gestionaba su propia energía. Ahora es mucho más consciente de su comportamiento. Y espera hasta la mañana siguiente para afrontar situaciones difíciles, como cuando hay algún conflicto, para negociar con personas que la alteran o si ha de tratar con tacto un tema concreto.

Puedes hacer un seguimiento de tu propia energía a través del día con una herramienta de auditoría de energía, como *Energy Audit—Awareness and Action*, disponible en la Universidad de Michigan.[3] La reflexión te ayuda a identificar estrategias para mantener la compostura y ser tu mejor «yo». Después de adoptar algunas de las estrategias para mejorar, ¿has observado un menor número de comportamientos irrespetuosos o un aumento de las muestras de respeto? Contrólate tú mismo y revisa tu progreso de forma habitual; por ejemplo, cada semana o cada mes.

El camino para desarrollar una mayor autoconciencia y para tratar a los demás más respetuosamente en el trabajo no tiene por qué recorrerse en solitario. Mientras estés trabajando para mejorar tu propio comportamiento, anima a los miembros de tu equipo a que hagan lo mismo. Puedes tener una conversación abierta con ellos sobre lo que tú y ellos hacéis o decís y qué transmite respeto. ¿Cómo o cuándo tú y tus compañeros mostráis una conducta menos respetuosa? ¿Qué podríais hacer o decir mejor? Comenta qué ganará el equipo si son más respetuosos unos con otros. A medida que todos desarrollen normas, se responsabilizarán del comportamiento frente a sus colegas. Consideraos como coaches ayudando a mejorar tanto el rendimiento individual como el del equipo.

La clave para dominar el respeto comienza por mejorar tu autoconciencia. Con esta información, puedes empezar a modificar tu comportamiento y mejorar tu influencia y eficacia. Pequeños actos pueden tener grandes resultados. Tu cortesía se extenderá en cascada a través de tu organización, con beneficios para ti y para todos.

---

3 La herramienta de auditoría de energía está disponible en http://positiveorgs.bus.umich.edu/wp-content/uploads/GrantSpreitzer-EnergyAudit.pdf.

CHRISTINE PORATH

Profesora asociada de gestión en la Universidad de Georgetown, autora de *Mastering Civility: A Manifesto for the Workplace* (Grand Central Publishing, de próxima publicación) y coautora de *The Cost of Bad Behavior* (Portfolio, 2009).

Parte tres

Gestiona tus emociones

Capítulo 7

Utiliza tus emociones

Susan David

A menudo escuchamos consejos prácticos y trucos para ayudarnos a «controlar» nuestras emociones, pero esa es una idea equivocada. Las emociones intensas no son perjudiciales; no hace falta mantenerlas encerradas o controlarlas. De hecho, son información. Nuestras emociones evolucionaron como un sistema de señalización, una forma de ayudarnos a comunicarnos unos con otros y de entendernos mejor a nosotros mismos. Lo que necesitamos es aprender a desarrollar la *agilidad emocional*, la capacidad de extraer información incluso de las emociones más difíciles para aprender a tomar mejores decisiones.

¿Cuál es la función de tu emoción?

Para sacar el máximo provecho de esa información, pregúntate cuál es la *función* de tu emoción. ¿Qué está diciéndote? ¿A qué intenta apuntar?

Veamos el ejemplo de Mikhail, que se encontró en un ciclo perpetuo de estrés debido a un alud interminable de tareas en el trabajo. A medida que definió sus emociones con más precisión, se dio cuenta de que lo que sentía no solo era estrés: sentía una insatisfacción general con su trabajo, decepción con algunas de las elecciones que había tomado en su carrera y ansiedad sobre lo que le esperaba en el futuro.

Cuando por fin reconoció y aceptó esas emociones, pudo ver adónde apuntaban: comenzó a preguntarse si se encontraba en el camino profesional correcto.

Esta revelación significó que, en lugar de solucionar un problema de productividad incrementando su disciplina a la hora de priorizar sus tareas o de decir «no» al trabajo extra, Mikhail fue capaz de hacer algo mucho más adecuado y constructivo: empezó a trabajar con un coach profesional. Al analizar lo que sus emociones le decían, en lugar de ocultarlas o de centrarse en el problema equivocado, aprendió algo nuevo de sí mismo, y finalmente fue capaz de escoger una nueva carrera, en la que estaba tan ocupado como en su anterior puesto pero donde se sentía mucho menos estresado.

Nuestras emociones pueden aportarnos lecciones muy valiosas. Deja que te muestren qué quieres cambiar, cómo quieres actuar en el futuro o qué es importante para ti.

¿Tu reacción está acorde con tus valores?

Nuestras emociones también pueden ayudarnos a entender nuestros valores más profundos. A menudo también destacan lo que es más importante para nosotros. Por ejemplo, sientes amor por tu familia. Sientes ambición en el trabajo y valoras los logros y la autoestima. Te sientes satisfecho cuando consigues ayudar a un subordinado a que alcance sus objetivos. Sientes paz y satisfacción en la cima de una montaña. Es mucho mejor centrarse en estos valores profundos que en las emociones inmediatas, pues eso puede llevarte a tomar malas decisiones.

Digamos que necesitas dar una evaluación negativa a uno de tus subordinados. Estás ansioso imaginándote tal conversación y la has ido posponiendo —lo que aún te hace estar más ansioso—. Cuando analizas tus emociones, te das cuenta de que uno de los valores que explica tu procrastinación es la imparcialidad. Se trata de una gran empleada, a la que no quieres tratar injustamente. Entonces, pregúntate: ¿De qué modo tener, o no tener, la conversación te acerca o te aleja de tu valor de justicia? Viendo la situación desde esta perspectiva, puedes ver que darle el feedback y ayudarla a triunfar en su carrera en realidad es más justo para ella —y para el resto del equipo— que ceder a tus ansiedades. Has sido capaz de desengancharte de la servidumbre de tus emociones inmediatas y de hacer una elección mejor, más fiel a los valores que la sostienen.

Este tipo de pensamiento puede ayudarte a evitar situaciones en las que haces algo que te satisface a corto plazo pero que no está acorde con tus valores a largo plazo. Evitar una conversación es un ejemplo típico, pero hay muchos otros: reñir de forma reactiva a alguien que te ha estado molestando, cuando lo que en realidad valoras es la compasión; mantenerte en un trabajo cómodo que nada tiene que ver con tu sueño de empezar un negocio cuando el valor que te guía es el crecimiento; criticarte por los mínimos detalles cuando lo que te importa es la autoafirmación.

Gestionar las emociones no es solo deshacerse de ellas; es poner en práctica estrategias que te permitan usarlas, en lugar de dejar que dirijan tus conductas y tus acciones. Tus emociones son tu sistema de guía natural y son más eficaces cuando no intentas luchar contra ellas.

SUSAN DAVID

Fundadora del Harvard/McLean Institute of Coaching de la Facultad de Medicina de la Universidad de Harvard. Es autora de *Emotional Agility* (Avery, 2016), basado en el concepto bautizado por HBR como «idea de gestión del año». Como conferenciante y consultora, David ha trabajado con altos directivos de cientos de las principales organizaciones; entre otras, Naciones Unidas, Ernst&Young y el Foro Económico Mundial. Puede encontrarse más información en www.susandavid.com o en la cuenta de Twitter @SusanDavid_PhD.

Capítulo 8

Distiende las comunicaciones difíciles

Los conflictos suscitan muchas emociones; especialmente, pensamientos y sentimientos negativos. Para gestionar adecuadamente estos desacuerdos en el momento en que ocurren, debes afrontar tus propias emociones y las de la otra persona.

Reformula tus pensamientos negativos

Durante las interacciones difíciles, puede que te cuestiones tus percepciones sobre ti mismo. Por ejemplo, supongamos que un subordinado te diga: «No he ido a la reunión porque creo que no valoras mis ideas». En respuesta a eso, puede que pienses: «A lo mejor, no soy un directivo competente».

Hay muchas personas que, cuando sienten que su autoimagen está siendo cuestionada, ven cómo se les disparan emociones intensas. Estos sentimientos pueden llegar a ser abrumadores, haciendo virtualmente imposible conversar de forma productiva sobre cualquier tema. Para sentir y dejar ir sentimientos difíciles puedes hacer lo siguiente:

- **Céntrate en las intenciones de la otra persona y en los hechos.** Si descubres que tu subordinado tiene razones legítimas para no asistir a una reunión semanal, puede que tus sentimientos molestos desaparezcan.

- **Analiza cómo has contribuido al problema.** Si te das cuenta de que, accidentalmente, le has indicado a un empleado que se centrara en tareas innecesarias, tu frustración puede desvanecerse.
- **Cuestiona tus suposiciones.** Si te das cuenta de que tu creencia de que una compañera no valora la calidad de un producto está equivocada, tu irritación con su tendencia a tomar atajos puede reducirse.

Tu objetivo al reformular los pensamientos negativos es ser capaz de expresar una gama completa de emociones sin culpar ni juzgar a la otra persona.

Neutraliza las conductas improductivas

Aunque uno sí que puede gestionar sus propias reacciones durante un conflicto, no es capaz controlar las de la otra persona. Prueba las técnicas del anexo 3 para lidiar con conductas improductivas:

Afrontar conductas improductivas

Si la otra persona . . .	Intenta . . .
Es agresiva e irrespetuosa.	• Pedirle respeto manteniendo la calma. • Interrumpir sus ataques verbales repitiendo el nombre de la persona. • Comunicarle lo que te parece más importante: «Cuando puedas hablarme con respeto, me tomaré el tiempo que necesites para que tratemos este tema».

Si la otra persona . . .	Intenta . . .
No escucha lo que dices.	• Iniciar la conversación preparado para respaldar tus propias ideas y percepciones. • Redirigir a la persona a tu idea o información con frases como: «Me pregunto si...», «Permíteme, en seguida acabo» o «¿Qué supones sobre...?». • Reconocer que esa persona también cuenta con un conocimiento valioso.
Tiene una explosión emocional.	• Detener la conversación y continuarla más tarde. • Llamar la atención de la persona moviendo los brazos y diciendo su nombre en voz lo bastante alta para que te escuche. • Expresar auténtica preocupación por la persona: «Joe, nadie tendría que sentirse así. Quiero ayudarte».
No se comunica.	• Reservar el tiempo necesario para que esa persona responda a tus ideas y preguntas. • Hacerle preguntas abiertas: «¿En qué estás pensando?», «¿Qué quieres hacer?», «¿Cuál sería el siguiente paso?». • Mirar a la persona de forma expectante durante un período mayor que el usual después de hacer un comentario o una pregunta.
Da por sentado que la situación es irremediable.	• Darle tiempo para que considere tu plan y te responda. • Reconocer los aspectos negativos de una idea y resolverlos antes que la otra persona.

Capítulo 9

Mantén la serenidad en los momentos estresantes

LEAH WEISS

El mindfulness debería ser una práctica física al igual que mental. Con un nombre que incluye la palabra mente (*mind*), puedes pensar que el mindfulness es algo que haces solamente con la mente. De hecho, numerosas investigaciones —incluida la mía propia— han demostrado que prestar atención a nuestro cuerpo a menudo es una forma sencilla de introducirse en el mindfulness y de ayudar a reducir el estrés durante la práctica.

Quizás esto parezca contradictorio porque, cuando nuestra mente está sobrepasada, nuestro cuerpo es, con frecuencia, la última cosa en la que pensamos. Si en los momentos de estrés notamos algo en nuestros cuerpos, lo más probable es que interrumpa nuestras actividades: síndrome del túnel carpiano, dolor de espalda, latidos en el pecho, dolor de muelas, llagas en los pies, malestar o simplemente el hambre que nos obliga varias veces al día a interrumpir lo que estamos haciendo y a comer. Sin embargo, prestar atención a nuestro cuerpo puede servir para «anclarnos» a lo que está ocurriendo en este momento, incluso si las sensaciones son desagradables.

Así es cómo funciona el «anclaje»: llevamos nuestra atención a nuestros cuerpos, notando —en lugar de evitar— la tensión, la circulación, el dolor, el placer o simplemente la experiencia física neutra de —digamos— nuestro hombro derecho o el arco de nuestro pie izquierdo. Esta práctica nos ayudará a regresar a la realidad. De hecho, nuestros cuerpos son la forma más rápida y segura de regresar al momento presente cuando nuestras mentes están recomponiendo el pasado o ensayando el futuro.

Nos causamos mucho sufrimiento innecesario a nosotros mismos cuando nuestras mentes no están prestando atención. La amígdala cerebral, ubicada en el lóbulo temporal medial, es la parte del cerebro que detecta y procesa el miedo. Cuando se activa en respuesta a una situación que interpretamos como una posible amenaza, incluso si solo estamos leyendo un email desagradable, se inician cambios psicológicos, como aumento de la tensión muscular y respiración acelerada. Esta asociación llega a hacerse tan fuerte que tomamos la reacción del cuerpo como un indicio de peligro, igual que los perros de Pavlov interpretaban el sonido de la campana como un indicio de que iban a cenar. Como resultado, puede crearse un círculo virtuoso en el que el aumento de la tensión muscular y la respiración acelerada causada por una amígdala activada acaba activando aún más la amígdala. Afortunadamente, podemos usar los anclajes para romper este círculo.

Uno de mis alumnos que trabajaba en un nuevo plan de empresa solía entrar en pánico antes de las reuniones con posibles inversores. Su mente ideaba miedos que acababan con los peores resultados posibles: su propuesta iba a ser rechazada, considerarían inútil su idea de negocio... Cuando aprendió a entrar en sintonía con su cuerpo, dedicando apenas un minuto a anclarse respirando profundamente varias veces y sintiendo sus pies en el suelo, se calmaba y entraba en un estado de tranquilidad que le permitía tener mejores conversaciones.

Hay distintas prácticas de anclaje eficaces y simples que se pueden utilizar:

- **Toma aire una sola vez.** Solo hace falta una respiración intencionada para cambiar la perspectiva. Una sola respiración te proporciona un descanso de tu palique mental y una oportunidad de que tu cuerpo se regule de nuevo tras haberse acelerado en respuesta a una amenaza percibida. La mayoría de las veces, cuando te sientes en peligro, te cuentas una historia y te la crees al cien por cien. Una respiración puede sacarte de esa historia, hacerte menos crédulo. Puedes seguir la respiración a través de tu cuerpo, hasta que alcances la distancia suficiente para valorar si tu mente está contigo —en línea con tus intenciones actuales y tu mayor propósito— o contra ti, y entonces escoger de forma consciente qué camino quieres seguir.
- **Presta atención a las emociones.** Otra razón para anclarte a tu cuerpo es que en él sientes tus emociones, las cuales son importantes reconocer, aun cuando puedan parecer una carga, especialmente en el trabajo. He estudiado los inconvenientes de suprimir las emociones y puedo asegurarte que no es beneficioso en absoluto.[1]

  Es paradójico, pero entrar en relación con las propias emociones negativas de una forma acrítica tiene una

1 Debora Cutuli, «Cognitive Reappraisal and Expressive Suppression Strategies Role in the Emotion Regulation: An Overview on Their Modulatory Effects and Neural Correlates», en *Frontiers in Systems Neuroscience*, 19 de septiembre de 2014. Andrea Hermann et al., «Brain Structural Basis of Cognitive Reappraisal and Expressive Suppression», en *Social Cognitive and Effective Neuroscience* 9, n.º 9 (septiembre de 2014): 1435-1442. Sally Moore et al., «Are Expressive Suppression and Cognitive Reappraisal Associated with StressRelated Symptoms?», en *Behaviour Research and Therapy* 46, n.º 9 (septiembre de 2008): 993-1000.

correlación *negativa* con las emociones negativas y con los trastornos del estado de ánimo. En otras palabras: si aceptas y reconoces tus emociones desagradables, podrán alterarte menos. En un estudio, los participantes escribieron cada día, durante cuatro días, sobre una experiencia traumática o un acontecimiento neutro.[2] Los que escribieron sobre el trauma visitaron el centro de salud menos veces en los siguientes seis meses que los que escribieron sobre acontecimientos neutros. Cuando prestas atención a tu cuerpo, puedes captar información emocional, antes de que las emociones se adueñen de todo tu sistema; porque, una vez que lo hayan hecho, es demasiado tarde para usarlas a tu favor.

- **Recuerda que tus compañeros también tienen cuerpos.** ¿Estás molesto con tu jefe? ¿Crees que no puedes pasar un día más con un compañero insufrible? Si se lo permites, tu cuerpo puede conectar con el de otras personas, incluso las difíciles, ya que es una de las principales partes que tenemos en común. Esto parecerá obvio, pero las implicaciones que tiene son profundas. Nuestros cuerpos y el placer y el dolor que viene de ellos, sus dolores y enfermedades, sus necesidades y las indignidades, la imposibilidad de escoger el cuerpo que queremos, el miedo de perderlo algún día y las maneras de luchar contra ellos o fingir que no existen son experiencias compartidas. Cuando ignoras a tu cuerpo, o intentas hacerlo, te pierdes una parte fundamental de lo que tenemos en común. La empatía que procede de este conocimiento te ayuda a tener relaciones profesionales productivas, en lugar de sufrir por la frustración y el dolor.

---

2 James J. Gross (ed.). *Handbook of Emotion Regulation*, segunda edición. New York: The Guilford Press, 2014.

- **Magnifica los pequeños placeres.** No subestimes la alegría de tomar el primer sorbo del café de la tarde. La naturaleza humana tiende a notar más el dolor que el placer, pero con recordatorios y práctica puedes sentir alegría durante el día, buscándola en los placeres simples y previsibles por tener un cuerpo. Puede ser sentarte después de estar de pie mucho rato, o ponerte de pie y estirarte cuando has estado mucho rato sentado, sostener un nuevo bolígrafo con una forma ergonómica y cómoda, reírte a carcajadas cuando algo es divertido, comer cuando tienes hambre, la relativa tranquilidad de la oficina después de una mañana con niños ruidosos, quitarte unos zapatos incómodos debajo de tu escritorio. Cada día, no importa lo abominable que haya sido, permite innumerables oportunidades como estas para que te sientas bien. Hace poco tuve una reunión en el hospital de veteranos en Palo Alto y, mientras entraba, me crucé con dos veteranos. Estaban sentados frente al edificio, los dos en sillas de ruedas. Uno de los hombres se inclinó hacia su compañero y le dijo: «Bueno, es genial que aún podamos mover las manos». El otro respondió: «Tienes razón, es genial». Esa perspectiva nos proporciona un poderoso recordatorio de que muchos de nosotros podemos, si así lo elegimos, encontrar dentro de nuestras rutinas diarias pequeñas alegrías que vale la pena disfrutar.

En el trabajo, el estrés es un aspecto inevitable, pero no hacen falta elaboradas prácticas o mecanismos de escape para vivir con él. Simplemente, basta con los recursos para apoyarte en las sensaciones físicas, para anclarte y volver a la realidad. Solo necesitas un momento breve para dar un golpe con el pie en el suelo y recordarte que tienes un instrumento fiable y siempre presente para mitigar tu estrés. Y resulta que naciste con él.

Leah Weiss

Profesora, escritora e investigadora en la Facultad Universitaria de Negocios de la Universidad de Stanford, directora educativa de HopeLab y autora del libro de próxima aparición, *Heart at Work*.

Capítulo 10

Cómo recuperarte de un arrebato emocional

Susan David

A todos nos pasa: en el trabajo, nuestras emociones acaban saliendo a la luz. Puedes gritar o llorar, o golpear la mesa y hacer una pataleta. No son conductas adecuadas en una oficina, por supuesto, y se pueden perder los papeles de muchas formas, pero tampoco eso tiene por qué acabar con tu carrera. Si observas con atención lo que ha ocurrido, por qué actuaste como lo hiciste, y tomas las medidas para remediar la situación, puedes convertir un arrebato en una oportunidad.

Si tiendes a reprimir tus emociones, es probable que simplemente ignores tu berrinche y sigas tal cual. Si te cuesta parar de dar vueltas a tus errores, pensarás demasiado en tu arrebato y te castigarás por eso.

Ninguna de estas estrategias es productiva, no te ayuda a resolver el problema o a promover tu bienestar. En lugar de eso, trata tu arrebato como lo que es: información. Una habilidad clave de la inteligencia emocional es ser capaz de gestionar tus emociones, pero no puedes gestionar aquello que no reconoces ni entiendes. Así que, primero, ábrete a las emociones. ¿Qué estabas sintiendo entonces? Las emociones son señales, faros que te avisan de que algo te inquieta.

Para *reconocer* tus emociones, tienes que poder diferenciar tus sentimientos (véase capítulo 5). En muchos ambientes de trabajo, algunas personas sufren lo que los psicólogos llaman «alexitimia»: una dificultad para etiquetar de forma precisa los sentimientos y expresarlos. Se trata de gente que tiende a definir sus emociones con vaguedad. Por ejemplo, una directiva se diría a sí misma: «Vaya, he gritado porque estoy muy estresada». Pero ese razonamiento no le proporciona información alguna sobre lo que ha ocurrido realmente.

Una vez que hayas reconocido la emoción (miedo, decepción, ira) que has sentido, el próximo paso será *entender* qué la causó exactamente: «¿Por qué reaccioné de esa forma concreta?», «¿Qué estaba pasando en esa situación que me molestó?», «¿Cuál de mis valores fue transgredido o desafiado?». Por ejemplo, tal vez perdiste los papeles y gritaste a un compañero después de descubrir que tu proyecto se había cancelado. Si profundizas un poco más, puedes descubrir que no fue exactamente la cuestión del proyecto lo que te molestó, sino cómo se tomó la decisión; que, en tu opinión, fue de manera injusta.

La investigación de las emociones muestra que hay desencadenantes generales de los que has de ser consciente.[1] Cuando la emoción que se desborda en ira (gritando, pataleando) suele deberse a alguna frustración o a algún obstáculo que bloquea tus objetivos. Te ves obligado a dejar de hacer algo importante para ti. Cuando te sientes triste o lloras, suele ser por una pérdida. La ansiedad está desencadenada por el sentimiento de amenaza. Es útil pensar sobre estos detonantes universales y luego preguntarse: «¿Qué cosa concreta era tan importante para mí en aquella situación?».

1 R. S. Lazarus, «From Psychological Stress to Emotions: A History of Changing Outlooks», en *Annual Review of Psychology* 44 (1993): 1-22.

Una vez que has identificado cómo te sientes y por qué lo sientes, puedes centrarte en qué hacer para mejorar las cosas, para gestionar la situación. No hace falta decir que debes disculparte si has gritado o has perdido las formas, pero eso no es suficiente. Tu objetivo no es solo arreglar la relación, sino fortalecerla.

Cuando ya estés calmado y te reincorpores a tu equipo al día o la semana siguiente, en lugar de decir: «Vaya, siento mucho lo que hice; vamos a olvidarlo», explica lo que de verdad te pasó. Puedes decir algo como: «Perdí el control y no estoy orgulloso de mi comportamiento. He estado pensando con calma qué fue lo que me alteró tanto y me he dado cuenta de que sentí cuestionado mi sentido de justicia por la forma en que se decidió lo de retirar las inversiones».

Algunas investigaciones muestran que, cuando expones tus emociones de este modo, es más probable que la gente te trate con compasión y te disculpe que si solamente pides perdón.[2] A partir de ahí puedes iniciar una conversación sobre lo que es importante para cada persona y cómo podéis trabajar mejor juntos.

Nadie quiere ganarse la reputación de llorón o gritón en el trabajo. En lugar de correr y esconderse o regodearse en la autoinculpación cuando has perdido los papeles, aporta una buena cantidad de compasión y curiosidad a la situación. Ser amable y compasivo contigo mismo —especialmente en los momentos en que te sientes menos orgulloso de ti— no es lo mismo que dejar pasar lo ocurrido. De hecho, los estudios muestran que las personas más compasivas consigo mismas muy probablemente mantienen elevados estándares en el trabajo para hacer las cosas bien.[3] Y, tratándote de este modo, es más probable que inspires a otros a que hagan lo mismo.

---

2 James J. Gross, «Emotion Regulation: Affective, Cognitive, and Social Consequences», en *Psychophysiology* 39 (2002): 281-291.

3 Kristin D. Neff, «Self-Compassion, Self-Esteem, and Well-Being», en *Social and Personality Psychology Compass* 5, n.º 1 (2011): 1-12.

Susan David

Fundadora del Harvard/McLean Institute of Coaching de la facultad de medicina de la Universidad de Harvard. Es autora de *Emotional Agility* (Avery, 2016), basado en el concepto bautizado por HBR como Idea de Gestión del Año. Como conferenciante y consultora, David ha trabajado con altos directivos de cientos de las principales organizaciones; entre otras, Naciones Unidas, Ernst&Young y el Foro Económico Mundial. Puede encontrarse más información en www.susandavid.com o en la cuenta de Twitter @SusanDavid_PhD.

Capítulo 11

Usar el mindfulness para recobrar fuerzas

Daniel Goleman

Hay dos formas de ser más resiliente: una es hablándote a ti mismo, la otra es reeducando a tu cerebro.

Si has sufrido un fracaso importante, sigue la sabia recomendación del psicólogo Martin Seligman en el artículo de HBR «Building resilience» (abril de 2011). Háblate a ti mismo. Proporciónate una intervención cognitiva y contrarresta los pensamientos derrotistas con una actitud optimista. Cuestiona tu pensamiento pesimista y sustitúyelo por una perspectiva positiva.

Afortunadamente, los fracasos importantes son infrecuentes en la vida.

Pero, ¿cómo recuperarse de los errores incómodos, de los pequeños contratiempos y de las molestias irritantes que son habituales en la vida de cualquier líder? De nuevo, la resiliencia es la respuesta, pero con una cualidad diferente. Necesitas volver a entrenar tu cerebro.

El cerebro tiene múltiples mecanismos para recuperarse de los daños diarios. Le basta con un mínimo de esfuerzo para mejorar su capacidad de reponerse rápidamente de las circunstancias adversas.

A veces nos enfadamos tanto que decimos o hacemos algo de lo que luego nos arrepentimos (¿a quién no le pasa esto de vez en cuando?). Ese es un signo inequívoco de que nuestra amígdala cerebral (el radar del cerebro que detecta el peligro y que dispara la respuesta de huida o lucha) ha secuestrado los centros ejecutivos del cerebro que se encuentran en el córtex prefrontal. La clave neuronal de la resiliencia está en la rapidez con la que nos recuperamos de este «estado de secuestro».

Los circuitos cerebrales que nos devuelven al estado de energía y concentración plenas tras el «secuestro» perpetrado por la amígdala cerebral se concentran en el lado izquierdo de nuestra área prefrontal, dice Richard Davidson, un neurocientífico de la Universidad de Wisconsin. También ha descubierto que, cuando estamos alterados, aumenta la actividad del lado derecho del área prefrontal.

Todos tenemos umbrales característicos de actividad izquierda/derecha que predicen la oscilación diaria de nuestro estado de ánimo: si la actividad se inclina hacia la derecha, estamos más alterados; si lo hace a la izquierda, nos recuperamos más rápidamente de cualquier tipo de aflicción.

Para solventar este problema en el lugar de trabajo, Davidson formó equipo con el director ejecutivo de una nueva empresa de biotecnología con un elevado nivel de presión y actividad, y con el experto en meditación Jon Kabat-Zinn, de la Facultad de Medicina de la Universidad de Massachusetts. Kabat-Zinn ofreció a los empleados de la empresa formación en mindfulness: un método de entrenamiento de la atención que enseña al cerebro a registrar todo lo que ocurre en el momento presente con total atención, pero sin reaccionar.

Las instrucciones eran simples:

1. Encuentra un lugar tranquilo y a solas donde puedas evitar las distracciones durante unos minutos. Por ejemplo, enciérrate en tu oficina y silencia el teléfono.

2. Siéntate cómodamente, la espalda recta pero relajada.

3. Concentra tu conciencia en el acto de respirar, permaneciendo atento a las sensaciones de la inhalación y la exhalación, y empieza de nuevo con cada nueva respiración.
4. No juzgues tu respiración ni trates de cambiarla de ninguna manera.
5. Considera todo lo que venga a la mente como una distracción (pensamientos, sonidos, cualquier cosa). Deja que se vaya y presta atención nuevamente a tu respiración.

Después de ocho semanas de 30 minutos de práctica diaria de mindfulness, los empleados cambiaron la proporción de tiempo que pasaban en el lado del estrés desplazándose hacia el lado resiliente izquierdo. Y, más aún, confesaron haber recuperado aquello que les apasionaba de su trabajo: entraron en contacto con lo que más potenciaba su energía.

El mejor modo de obtener los máximos beneficios del mindfulness es practicarlo entre 20 y 30 minutos diarios. Tómatelo como una rutina de ejercicio mental. Puede ser muy útil recibir instrucciones, pero la clave es encontrar un espacio en el que puedas ejercitarlo integrándolo como un hábito diario más (se pueden encontrar instrucciones para una sesión práctica incluso para los trayectos largos en coche).

El mindfulness ha ido ganando popularidad de forma continua entre aquellos ejecutivos difíciles. Por ejemplo, se proporciona formación especializada en mindfulness para ejecutivos en hoteles lujosos que están de moda, como el Miraval Resort en Arizona, o también hay programas de mindfulness y habilidades de liderazgo en la Universidad de Massachusetts. La Google University ofreció a sus empleados un curso de mindfulness durante años.

Si aprendes a practicar el mindfulness, ¿conseguirás mejorar el ajuste de los circuitos de tu cerebro que tienen que ver con la resiliencia? En los directivos de alto rendimiento, los efectos del estrés pueden ser sutiles. Mis colegas Richard Boyatzis y Annie McKee sugieren una forma general de diagnosticar el estrés causado por el liderazgo preguntándose: «¿Tengo una vaga sensación de inquietud e incomodidad, o la sensación de que la vida no es genial y simplemente creo que está bien?». Un poco de mindfulness devolverá el reposo a tu mente.

DANIEL GOLEMAN

Codirector del Consortium for Research on Emotional Intelligence in Organizations en la Rutgers University, coautor de *Primal Leadership: Leading with Emotional Intelligence* (Harvard Business Review Press, 2013) y autor de *El cerebro y la inteligencia emocional.*

Capítulo 12

Cómo gestionar nuestro diálogo interno

Una entrevista de Alison Beard a Ethan Kross

Muchos de nosotros pensamos demasiado, somos incapaces de dejar de darle vueltas a las cosas, de rumiar. Esta tendencia puede quitarnos el sueño, destruir nuestra productividad y no dejarnos fluir. Nos pasamos horas y horas pensando en qué podríamos haber hecho para evitar algo, qué podemos hacer a partir de ahora para enmendarlo y qué consecuencias tendrá en el futuro. Es un hábito agotador, pero existen algunas herramientas que pueden ayudarnos a apaciguar y gestionar nuestro diálogo interno.

Ethan Kross es profesor de psicología en la Ross School of Business de la Universidad de Michigan, donde dirige el Laboratorio de Emoción y Autocontrol. Ha estado años tratando a personas con tendencia a pensar en exceso, desde un lanzador de béisbol de la MLB (grandes ligas de béisbol) cuyos lapsus eran tan graves que no podía lanzar un strike, hasta un estudiante de la Liga Ivy que en su camino hacia una carrera prometedora seguía sufriendo el síndrome del impostor. También ha emprendido y revisado cientos de experimentos para aprender cómo ayudar a estas personas. En esta entrevista, Ethan habla de cómo calmar nuestra voz interior, cómo dejar de preocuparnos y de rumiar, y cómo retomar el camino.

Alison Beard: *¿Por qué los seres humanos hablamos con nosotros mismos?*

Ethan Kross: En el nivel más básico, hablamos con nosotros mismos cuando queremos retener fragmentos de información en nuestra mente. Y para ello usamos nuestra voz interior. Esta voz interior forma parte de lo que conocemos como *memoria de trabajo verbal*. Se trata de un sistema básico que empleamos diariamente para desenvolvernos en la vida. Por ejemplo, si le doy mi número de teléfono a alguien y le pido que lo memorice, lo normal es que repita esa serie de números en su cabeza.

También utilizamos nuestra voz interior para hacer muchas otras cosas, como simular o planificar el futuro. Y, tal vez lo más interesante, la empleamos para dar sentido a nuestras experiencias en el mundo —para crear historias que nos digan quiénes somos— o cuando afrontamos problemas y queremos entenderlos.

A veces, intentamos usar esta herramienta para manejar nuestros problemas, pero nos supera y nos quedamos bloqueados. Esto es lo que nos hace caer en el lado oscuro de nuestra voz interior, o lo que yo llamo «chatter» o «cháchara», que es cuando nos quedamos atrapados en una espiral de pensamientos negativos.

Aunque es cierto que la cháchara tiene su lado bueno, ¿podría hablarme de sus efectos negativos?

En mi libro hablo de tres ámbitos importantes en los que ese tipo de diálogo interno puede tener efectos negativos. El primer ámbito es el pensamiento y el rendimiento en el trabajo, donde la cháchara dificulta mucho pensar con claridad y rendir. Una de las razones por las que esto ocurre es porque tenemos una capacidad limitada para concentrarnos en un momento determinado. Y, cuando la cháchara consume nuestros recursos atencionales, no podemos centrarnos en lo que estamos haciendo mientras trabajamos.

El segundo ámbito es nuestra vida social. Los estudios demuestran que la cháchara puede crear fricciones en nuestras relaciones sociales. Cuando estamos atrapados en el diálogo interno, nos apetece mucho hablar con otras personas sobre lo que nos preocupa. Y, en el otro lado de la ecuación, cuando estás escuchando, ya sea a tu pareja, a un compañero o a tu jefe, a menudo tu capacidad de escucha antes de que empiecen a surgir problemas en la relación es más limitada.

El último ámbito es la salud física. Cuando nos ocurre algo negativo, seguimos pensando en ello una y otra vez, manteniendo activa la respuesta al estrés crónicamente, lo que acaba provocando enfermedades cardiovasculares, problemas de inflamación e incluso ciertos tipos de cáncer. Y es esto precisamente lo que hace esa charla interna repetitiva. Experimentamos los acontecimientos negativos de nuestro entorno —malas noticias, comentarios nocivos— sin procesar la información y seguir adelante. En lugar de ello, seguimos dándole vueltas, manteniendo así nuestra reacción de estrés.

¿Hasta qué punto es habitual que la gente tenga que luchar contra el diálogo interno negativo? ¿Unas personas son más propensas que otras?

La frecuencia con la que experimentamos la charla interna, y su intensidad, varía de una persona a otra. Algunas personas lo experimentan de vez en cuando y en dosis leves. En el otro extremo, están aquellos cuyos episodios de cháchara son muy intensos y persistentes; estos casos suelen estar relacionados con determinados tipos de depresión y ansiedad. Pero, si nos referimos a la charla interna normal y corriente, creo que la mayoría de nosotros la experimentamos a menudo.

¿Hay alguna herramienta que podamos emplear para controlarlo?

Una herramienta que yo suelo emplear es el «diálogo interno a distancia». Se trata de darme consejos a mí mismo como si se los diera a mi mejor amigo, a mi pareja o a mi hijo, y para ello modifico el lenguaje. Cuando me doy cuenta de que estoy sumido en una cháchara, enseguida intento salir de la situación usando mi nombre: «Muy bien, Ethan, ¿cómo vas a gestionar esto?». Y esto me saca de inmediato de esa visión de túnel que caracteriza a la cháchara.

Otra herramienta que utilizo para distanciarme de la cháchara es lo que se denomina *distanciamiento temporal* o viaje mental en el tiempo. Es bastante útil para tratar con los factores estresantes agudos, aquellos factores en los que estás inmerso, pero que tienen una línea de meta. Por ejemplo, cuando estaba ansioso por el tema del COVID y pensaba: «Dios mío, mis hijos todavía no vuelven al colegio. Hago diecisiete reuniones por Zoom cada día. Esto es horrible», podría haber caído fácilmente en una espiral negativa. Sin embargo, decidí meterme en una máquina mental para viajar en el tiempo y pensar en cómo me sentiría dentro de seis meses..., cuando yo y todos mis seres queridos estuviéramos vacunados y pudiera volver a viajar y a pasar el día en la playa con mis hijos y mi mujer. Cuando realizas este ejercicio mental y te imaginas en otro espacio temporal, se hace evidente la fugacidad de la situación que estás viviendo. Y piensas: «Esto también pasará».

¿Hay otras formas de ampliar la perspectiva?

Cuando alguien entra en ese diálogo interno continuo, normalmente tiene ganas desahogar sus emociones con los demás. Se ha investigado bastante sobre las consecuencias de este proceso de descarga emocional. El encontrar a alguien con quien desahogarte te genera cercanía y conexión con la otra persona y se estrechan los lazos de amistad. Es reconfortante saber que hay alguien a quien le importas lo suficiente como para tomarse el tiempo de escucharte.

Pero, si todo lo que ocurre en ese diálogo es una repetición de lo que has vivido y de cómo te has sentido, en absoluto amplías tu perspectiva ni te replanteas la forma de abordar ese problema. Por lo tanto, cuando concluye la conversación sigues estando angustiado por el problema en cuestión.

Las mejores conversaciones sobre el diálogo o cháchara internos tienen dos ventajas. En primer lugar, te permiten expresar tus emociones. Hasta cierto punto, es importante compartir con otras personas lo que nos pasa. No quiero dar a entender que expresar nuestras emociones sea malo en todos los casos. No lo es. En segundo lugar, te ayuda a ampliar tu perspectiva.

Imaginemos que alguien se te acerca para contarte cómo se siente, qué le ha pasado y cómo lo está viviendo. En un momento dado, empiezas a animarle para que empiece a ver la situación desde una perspectiva más amplia. Podrías decirle algo así: «¿Cómo has gestionado este tipo de experiencias anteriormente?». O: «A mí me pasó algo similar y lo afronté así». Y también: «Si fueras mi mejor amigo, te diría que, ante tal situación, creo que debes actuar así». Haciendo este tipo de comentarios, intentas que la persona abandone esa visión del túnel oscuro.

Como director, líder de un equipo o compañero de trabajo, ¿cómo puedo saber que alguien mantiene un diálogo interno negativo y cómo puedo ayudarle a solucionarlo?

El proceso del que te he hablado antes puede resultar muy útil: hablando con esa persona de forma que pueda expresar sus emociones, pero también ayudándole a que vea la situación desde una perspectiva más amplia. En general, esto resulta más efectivo cuando alguien acude a ti explícitamente en busca de ayuda para manejar su cháchara interna. Sin embargo, si ves que alguien tiene problemas de este tipo pero no te ha pedido ayuda, ofrecérsela por iniciativa propia puede resultar peligroso.

Se ha escrito mucho sobre lo que ocurre si voluntariamente le ofreces ayuda a alguien que no te la ha pedido. Suele ser contraproducente, porque puede sentir que estás cuestionando la confianza en sí mismo y sus capacidades, la idea de que puede gestionar la situación por sí mismo.

En estos casos, lo que puedes hacer es intentar ayudarle de una manera *invisible*. Es decir, brindándole tu apoyo, pero sin que se note. En resumen, si ves a alguien que tiene problemas de cháchara, intenta quitarle hierro al asunto. En mi laboratorio, hay posdoctorados y licenciados, y todos ellos experimentan esa cháchara interna en algún momento. Si veo a un posdoctorado que está teniendo problemas serios con su redacción, puedo convocar a todo el grupo: «Mirad, os recomiendo el libro que me estoy leyendo sobre cómo escribir este tipo de artículos, porque me sirve de gran ayuda». Si hay una charla online o en la universidad, puedo decirles: «Mirad, vamos a ver esto y después lo comentaremos», aunque en realidad va dirigida a una persona en particular. Son formas de hacer llegar la información a esa persona de una manera que creo que puede ser productiva, pero sin focalizar en ella diciéndole «oye, no estás avanzando en esto y creo que necesitas esta ayuda». Son formas invisibles de apoyo que pueden resultar útiles cuando la gente no busca explícitamente tu ayuda.

ETHAN KROSS

Profesor de psicología en la Universidad de Michigan. Ha estado años estudiando cómo las personas se hablan a sí mismas y las consecuencias que esta «cháchara interna» tiene en su rendimiento. Ofrece trucos y consejos para salir del pensamiento negativo y volver al camino correcto, especialmente en el trabajo. Es autor del libro *Chatter: The Voice in Our Head, Why It Matters, and How to Harness It.*

ALISON BEARD

Editor ejecutivo en la *Harvard Business Review.*

Parte cuatro

Inteligencia emocional en tu día a día

Capítulo 13

Escribir correos electrónicos significativos

Andrew Brodsky

Imagínate que envías una pregunta elaborada a tu jefe y recibes como respuesta un monosílabo: «No». ¿Estará enfadado? ¿Le habrá ofendido mi correo? ¿O lo único que ocurre es que estaba ocupado? Cuando realizo investigaciones sobre la comunicación en las organizaciones, uno de los temas que, tanto empleados como directivos, plantean con más frecuencia es la dificultad a la hora de comunicar temas delicados o emocionales a través del email. El correo electrónico, por supuesto, carece de las señales normales que transmite una emoción, como el tono de voz y las expresiones faciales.

Pero, en muchos casos, usar el correo electrónico es inevitable. Así, ¿cómo equilibrar la necesidad de comunicarte con la de evitar los posibles tropiezos de usar las emociones en el correo? Veamos estas tres recomendaciones concretas y basadas en la investigación:

Qué hay detrás de la interpretación de los correos electrónicos

Está claro que muchas veces las personas malinterpretan la emoción que hay en un email, pero ¿qué hay detrás de esa mala interpretación?

La gente pone sus expectativas emocionales al leer sus mensajes, independientemente de la intención real del remitente.[1] Veamos el siguiente mensaje: «Has hecho un buen trabajo en este borrador, pero creo que aún se puede mejorar». Si te lo envía un compañero, puede parecer una opinión muy colaborativa, pero viniendo de un superior puede sonar a crítica.

Además de la posición relativa —tendemos a percibir como más negativos los mensajes de nuestros superiores—, hay otros factores contextuales que debemos tener en cuenta: la duración de la relación —tendemos a percibir menos negativamente las opiniones de personas a las que conocemos bien—, la historia emocional de la relación y la personalidad del individuo —las personas negativas tienden a percibir los mensajes más negativamente—.

El primer paso para evitar malas interpretaciones es intentar ponerse en el lugar del receptor e imaginar cómo es más probable que este entienda nuestro mensaje. Hacerlo puede ayudarte a evitar malentendidos antes de que ocurran.

Imitar las conductas de los otros

¿Cuál es la mejor forma de comunicar las emociones a través del correo electrónico? ¿Los emoticonos? ¿La elección cuidadosa de las palabras? ¿Las exclamaciones? No hay una única respuesta correcta. Las señales adecuadas varían según el contexto. Por ejemplo, probablemente no enviarías una carita sonriente al cliente de una empresa que se distingue por la formalidad de su cultura organizacional. O, al contrario, no enviarías un mensaje muy formal a un compañero muy próximo.

1 Kristin Byron, «Carrying Too Heavy a Load? The Communication and Miscommunication of Emotion by Email», en *Academy of Management Review* 33, n.º 2 (abril de 2008): 309-327.

Una estrategia identificada como muy eficaz en distintos entornos es emplear la imitación conductual, usando los emoticonos, el argot o la elección de palabras de forma similar a la persona con la que estás comunicándote. En un grupo de estudios realizado con negociadores estadounidenses, holandeses y tailandeses, se observó que usar la imitación conductual en las primeras fases de las negociaciones escritas a través del chat incrementó los resultados individuales en un 30 %. Este proceso de imitación hace que crezca la confianza, porque las personas tienden a sentir afinidad hacia quienes actúan de forma similar a ellos.[2]

Expresa tus emociones

Imitar las conductas puede ser una estrategia eficaz, pero también es demasiado discreta y no suprime la ambigüedad emocional. La solución más directa para evitar confusiones es explicitar la emoción que quieres comunicar en tu correo.

Podemos ver un ejemplo inmejorable de cómo funciona esta estrategia en una organización del sector de medios con la que trabajé recientemente. Pedí a sus empleados que me mostraran un correo que les pareciera muy mal escrito, y uno de ellos me envió este email de una directiva:

> *Hay que rehacer la introducción del anuncio. Estoy segura de que la hizo el cliente y de que la podrás arreglar :) Saludos afectuosos [Nombre de la directiva]*

2 William W. Maddux et al., «Chameleons Bake Bigger Pies and Take Bigger Pieces: Strategy Behavioral Mimicry Facilitates Negotiation Outcomes», en *Journal of Experimental Social Psychology* 44, n.º 2 (marzo de 2008): 461-468. Roderick I. Swaab et al., «Early Words That Work: When and How Virtual Linguistic Mimicry Facilitates Negotiation Outcomes», en *Journal of Experimental Psychology* 47, n.º 3 (mayo de 2011): 616-621.

Desde mi punto de vista, como alguien externo a la compañía —y supongo que esta directiva diría lo mismo—, este correo parece pensado para evitar ofender a su subordinado. Sin embargo, él no lo vio así y explicó: «Ella sabe perfectamente que yo hice esa introducción tan mala, y lo que está diciendo es «Vale, estoy segura de que el cliente hizo ese trozo y que tú lo arreglarás», y luego añadió la carita al final. El tono general es desagradablemente condescendiente».

Si la directiva hubiese evitado las sutilezas comunicando directamente aquello que quería decir, habría dejado menos espacio para las interpretaciones. Por ejemplo, habría podido escribir:

Estoy muy contenta con el trabajo que has hecho hasta ahora. Pero creo que la introducción puede mejorarse. ¿Te importa darle otra vuelta?

El subordinado habría recibido un mensaje mucho menos ambiguo y no habría tenido que completarlo con sus propias expectativas.

Pero a la gente le cuesta expresar sus emociones, aunque lo que esté en juego sea importante. Distintas investigaciones realizadas por la Universidad de Nueva York han mostrado que muchas personas confían demasiado en su capacidad para comunicar adecuadamente sus emociones en los correos electrónicos.[3] Para el emisor del mensaje puede parecer obvio que el compañero de trabajo que nunca se toma días de baja por enfermedad entenderá que un comentario sobre los empleados que salen pronto del trabajo pretende ser gracioso y no serio. Sin embargo, tal vez a ese compañero le preocupa que le vean como alguien vago y puede sentirse ofendido o molesto.

Dada la naturaleza constantemente cambiante de la comunicación en las organizaciones, todavía hay mucho que aprender sobre el uso del

---

3 Justin Kruger et al., «Egocentrism Over E-mail: Can We Communicate as Well as We Think?», en *Journal of Personality and Social Psychology* 89, n.º 6 (diciembre de 2005): 925-936.

correo electrónico. En realidad, todos incurrimos en el mismo fallo: tendemos a centrarnos demasiado en nosotros mismos y en nuestros propios objetivos, y no damos suficiente información a los demás, que tienen su particular punto de vista. Al utilizar estos métodos para conectar nuestras perspectivas con las de los demás, aumentando la claridad del mensaje y haciendo crecer la confianza ayudaremos a asegurarnos una comunicación más eficaz.

ANDREW BRODSKY

Ha hecho su tesis doctoral sobre conducta organizacional en la Escuela de Negocios de la Universidad de Harvard.

Capítulo 14

Mantener reuniones influyentes

ANNIE MCKEE

Sí, todos vamos a reuniones. Sí, en general son una pérdida de tiempo. Y sí, vamos a seguir teniendo reuniones. Así que, como líder, es tu responsabilidad mejorarlas. Eso no solo quiere decir hacerlas más breves, más eficientes y más organizadas. La gente necesita sacar provecho de las reuniones y, me atrevería a decir, pasarlo bien.

Entonces, ¿cómo hacer para que resulten más agradables y despierten más sentimientos positivos? Sin duda, convocar a las personas adecuadas, fijar mejores agendas y acudir a ellas más preparados. Estos son requerimientos básicos. Pero, si realmente quieres mejorar la forma en que la gente trabaja en equipo durante esas sesiones, tendrás que utilizar —y tal vez desarrollar— dos de las competencias claves de la inteligencia emocional: la empatía y la gestión de las propias emociones.

¿Por qué la empatía? Porque la empatía es una competencia que te permite interpretar a la gente. ¿Quién apoya a quién? ¿Quién está cabreado y quién está tranquilo? ¿Dónde está la resistencia? Todo esto no es tan fácil como parece. Algunas veces, los saboteadores más listos parecen partidarios de una idea, pero no la apoyan en absoluto. Son astutos y engañosos «asesinos de ideas».

Observar atentamente a las personas también te ayudará a que entiendas los principales conflictos del grupo, que suelen estar ocultos.

Y una pista: estos conflictos probablemente no tienen nada que ver con los temas que se estén planteando o con las decisiones que se vayan a tomar en la reunión. Es más probable que estén relacionados con dinámicas humanas: a quién se permite influir a otros —oficinas centrales o locales, extranjeros o nacionales— y con dinámicas del poder entre géneros y entre gente de distintas razas.

La empatía te permite detectar y gestionar esas dinámicas de poder. A muchos de nosotros nos gustaría pensar que esta clase de asuntos —y la política de oficina en general— existen pero no nos afectan, o afectan solo a aquellos colegas maquiavélicos que tanto nos desagradan. Pero la realidad es que el poder es tremendamente importante en los grupos, porque es la moneda de cambio real en la mayoría de organizaciones. Y, claro, emerge en las reuniones. Aprender a interpretar cómo se mueve y cómo cambia el flujo de poder puede ayudarte a liderar la reunión, y a todo lo demás.

Recuerda que utilizar la empatía te ayudará a entender las respuestas que la gente te da. Como líder, puedes ser el individuo más poderoso de la reunión. Algunas personas, aquellas dependientes, se supeditarán a tu voluntad a cada momento. Eso está bien durante un rato. Sigue permitiéndolo y probablemente acabarás teniendo un grupo dependiente, o uno polarizado entre los que harán todo lo que quieras y los que no.

Aquí es donde la gestión de las propias emociones se hace necesaria, por dos razones. Primero, echa un vistazo a los compañeros dependientes de tus reuniones. Por supuesto que resulta muy agradable tener gente que te admire y que esté de acuerdo con cada palabra que dices. De hecho, esto puede ser un gran alivio en nuestras organizaciones, a menudo plagadas de conflictos. Pero, de nuevo, si no gestionas tu respuesta, harás que la dinámica del grupo empeore. También parecerás un poco tonto. Hay otras personas interpretando al grupo y, con razón, se darán cuenta de que te gusta que la gente te adule. Verán que estás poniendo tu ego en una posición vulnerable ante los que te complacen o ante los que quieren manipularte.

En segundo lugar, las emociones intensas marcan el tono de todo el grupo. Para saber cómo sentirnos acerca de lo que está ocurriendo, tomamos la referencia unos de otros. ¿Estamos en peligro? ¿Hay razones para celebrar algo? ¿Deberíamos sentirnos hartos y cínicos o esperanzados y motivados? Por eso, lo anterior importa en las reuniones: si tú, como líder, proyectas de forma eficaz más emociones positivas, como la esperanza o el entusiasmo, otros reflejarán estos sentimientos, y el tono general del grupo estará marcado por el optimismo y por ese sentido de «estamos en esto juntos y podemos hacerlo».[1] Y hay una fuerte relación neurológica entre los sentimientos y la cognición. Pensamos con más claridad y creatividad cuando nuestros sentimientos son mayoritariamente positivos y cuando afrontamos un reto adecuado, como escribió Mihaly Csikszentmihalhy en su clásico *Creatividad: El fluir y la psicología del descubrimiento y la invención.*[2]

La otra cara de la moneda es obvia. Tus emociones negativas también son contagiosas, y a menudo resultan destructivas si no se controlan y se gestionan. Si expresas ira, menosprecio o falta de respeto, sin duda despertarás en la gente la actitud de lucha, de forma individual y colectiva. Sé despectivo con los demás y los alienarás, incluso hasta después de que acabe la reunión. Y no importa quién te despierte esos sentimientos. En cuanto la gente lo vea, se percatarán y, la próxima vez, les preocupará el convertirse en tu objetivo.

Esto no quiere decir que todas las emociones positivas sean siempre buenas o que nunca debas expresar emociones negativas. La cuestión es que las emociones de los líderes son muy contagiosas. Sabiendo esto, gestiona tus sentimientos como corresponde para crear el tipo de

---

1 V. Ramachandran, «The Neurons That Shaped Civilization», en *Charlas TED*, noviembre de 2009, https://www.ted.com/talks/vs_ramachandran_the_neurons_that_shaped_civilization?language=en

2 Csikszentmihalyi, M., *Creatividad: el fluir y la psicología del descubrimiento y la invención* (Barcelona: Paidós, 2012).

entorno en el que la gente trabaje en equipo para tomar decisiones y terminar el trabajo.

No hace falta decirlo, pero no puedes hacer nada de esto con el teléfono encima. Como dice Daniel Goleman en su libro *Focus: desarrollar la atención para alcanzar la excelencia,*[3] no está claro que seamos tan buenos con la multitarea como creemos que somos. En realidad, somos unos ineptos. Así que desconecta el móvil y presta atención a la gente con la que estás aquí y ahora.

Al final, es tu trabajo asegurarte de que la gente salga de la reunión sintiéndose satisfecha de lo que ha pasado, de cómo han colaborado y de ti como líder. La empatía te permite interpretar lo que está ocurriendo, y la gestión de tus propias emociones te ayuda a conducir al grupo hacia un estado de ánimo que fomente terminar el trabajo, además de la felicidad.

ANNIE MCKEE

Investigadora de la Universidad de Pennsylvania, directora del Programa doctoral Ejecutivo PennCLO y fundadora del Teleos Leadership Institute. Es coautora, junto con Daniel Goleman y Richard Boyatzis, de *Primal Leadership* (Harvard Business Review Press, 2013) y también de *El líder resonante crea más* (Barcelona: Debolsillo, 2012) y *Becoming a Resonant Leader* (Harvard Business Review Press, 2008). Su último libro es *How to be Happy at Work* (Harvard Business Review, 2017).

---

3 Goleman, D. González, R. D. & Mora, R. F., *Focus: Desarrollar la atención para alcanzar la excelencia.* (Barcelona: Kairós, 2014).

Capítulo 15

Transmitir un feedback difícil

Monique Valcour

Durante todos estos años, he preguntado a cientos de estudiantes de gestión qué habilidades les parecen esenciales para un líder. Con frecuencia mencionan «la capacidad de transmitir un feedback difícil». Pero ¿qué es exactamente un feedback difícil? La expresión sugiere malas noticias, como cuando tienes que decirle a un miembro del equipo que ha metido la pata en algo importante. «Difícil» también significa la actitud que creemos que debemos tener cuando emitimos un feedback negativo: firme, resuelto e inflexible.

Por otro lado, «difícil» se refiere a la incomodidad que algunos sentimos cuando proyectamos evaluaciones negativas, y al reto de hacerlo de una forma que provoque el cambio, en lugar de poner a la otra persona a la defensiva. Los jefes suelen caer en distintas trampas frecuentes cuando emiten su evaluación. Podemos estar enfadados con un subordinado y utilizar la conversación para desahogarnos en lugar de para corregirle. O podemos retrasar la conversación porque prevemos que discutirá nuestros comentarios y rechazará aceptar sus responsabilidades. Podemos intentar envolver el feedback negativo con feedback positivo, como cuando se administra una píldora amarga disimulada en una cucharada de miel; una forma de proceder equivocada, porque no queremos que el feedback negativo pase desapercibido en la miel. En cambio, es esencial crear las condiciones en las que el receptor pueda recibir el feedback, reflexionar sobre el mensaje y aprender de ello.

Para tener una idea de cómo funciona esto en la práctica, comparo dos conversaciones sobre un feedback que tuvieron lugar después de un conflicto laboral. Un día, MJ Paulitz, una fisioterapeuta de Pacific Northwest, estaba tratando a un paciente hospitalario cuando una compañera la llamó por el «busca». Tal como indica el protocolo, se disculpó con el paciente y salió de la habitación para atender el aviso. La colega que la había llamado no respondió a la llamada de MJ, ni había dejado un mensaje describiendo el motivo de su llamada. Esto ocurrió dos veces más durante la sesión de tratamiento. La tercera vez que dejó a su paciente para atender al «busca», MJ perdió las formas y dejó un mensaje iracundo a su colega. Su compañera, molesta por tal mensaje, lo reportó a su supervisor como ofensivo.

La primera sesión de feedback de MJ transcurrió en la oficina de su supervisor. Recuerda que «cuando entré en su oficina, él ya había decidido que yo era la que había cometido un error; no tenía interés alguno en escuchar mi versión de la historia. No mencionó las tres veces que tuve que dejar de atender al paciente debido a la llamada. No reconoció que esa podía haber sido la gota que colmó el vaso». Su supervisor la remitió a recursos humanos para una acción correctiva. La sensación de injusticia dejó a MJ muy alterada.

MJ describe la siguiente conversación de feedback con recursos humanos como transformadora. «La mujer de recursos humanos se dio cuenta de mis sentimientos subyacentes y los validó. La forma en que lo hizo fue genial: alivió la tensión. No me obligó a empezar a hablar. En cambio, dijo: «Solo puedo imaginarme cómo te sientes ahora mismo. Estás en mi oficina para una acción correctiva. Si estuviera en tu lugar, seguramente me sentiría enfadada, frustrada, avergonzada... ¿Tienes alguno de esos sentimientos?". Eso marcó una diferencia importante».

Una vez establecida esa confianza, MJ estaba lista para responsabilizarse de su conducta y comprometerse a cambiarla. A continuación, la persona de recursos humanos le dijo: «Ahora vamos a hablar de cómo reaccionaste a esos sentimientos en aquel momento». De esta forma, creó un espacio que dio paso a un diálogo auténtico.

La conversación que siguió dio lugar a un poderoso aprendizaje que ha acompañado a MJ hasta hoy:

> *A menudo, cuando sentimos una emoción intensa, seguimos lo que la persona de recursos humanos llama «la senda de las vacas», porque está bien marcada, es muy estrecha y siempre lleva al mismo sitio. Digamos que estás enfadado. ¿Qué haces? Estallas. Está bien sentir esas cosas; lo que no está bien es estallar. Ella me pidió que pensara en lo que podía hacer para tomar un camino distinto. El feedback de la persona de recursos humanos me ayudó a encontrar el espacio entre lo que siento y la próxima palabra que saldrá de mi boca. Me dio la oportunidad de crecer por dentro. Lo que hizo que funcionara fue que estableció un espacio seguro, de confianza y comprensión, y luego se centró en «tienes que cambiar esto», en lugar de empezar directamente diciendo eso, que es lo que hizo mi supervisor. Claro que necesitaba cambiar; ese era el objetivo de la acción correctiva. Pero ella, no podía empezar por ahí, porque me habría hecho ponerme a la defensiva, me habría cerrado y no habría asumido mi responsabilidad. Aun hoy pienso que mi compañera debió ser reprendida. Pero también me hago cargo de mi parte. Seguí el camino más fácil, pero sé que no volveré a hacerlo.*

La diferencia entre las dos sesiones de feedback que hemos puesto como ejemplo se centra en el coaching, que profundiza en la autoconciencia y cataliza el crecimiento, en lugar de en la reprimenda, que despierta la autoprotección y la evitación de responsabilidad. En resumen, las conversaciones para dar feedback que son poderosas y tienen un elevado impacto comparten los siguientes elementos:

1. La intención de ayudar a crecer al empleado, en lugar de mostrarle que se ha equivocado. El feedback debe aumentar, no mermar, la motivación del empleado y sus recursos para cambiar. Al prepararte para dar feedback a un subordinado, reflexiona sobre lo que esperas conseguir y en el impacto que te gustaría tener sobre él o ella, quizás haciendo una breve meditación antes de la reunión.

2. Apertura de parte de quien da el feedback, algo esencial para crear una conexión de alta calidad que facilite el cambio. Si empiezas una reunión sintiéndote incómodo y a la defensiva, tu subordinado sintonizará con esa energía, y ambos acabaréis la conversación frustrados el uno con el otro.

3. Invitar a tu empleado al proceso de solución de problemas. Puedes hacer preguntas como: «¿Qué ideas tienes?», «¿Qué te llevas de esta conversación?», «¿Qué pasos darás, cuándo y cómo lo sabré?».

Dar feedback para el desarrollo que fomente el crecimiento es un reto fundamental que hay que dominar, porque puede ser la diferencia entre un empleado que haga una aportación potente y positiva a la organización y uno que se sienta menoscabado y aporte mucho menos. Basta una conversación para que un empleado se active o para que haga oídos sordos. Un líder que, en la práctica, fomenta el desarrollo ve a cada empleado como un diamante en bruto y crea las condiciones para hacerle brillar, aunque el reto sea difícil.

MONIQUE VALCOUR

Académica del área de gestión, coach y consultora.

Capítulo 16

Tomar decisiones inteligentes

Resumen del artículo completo de HBR «Por qué hay buenos líderes que toman malas decisiones», de **Andrell Campbell**, **Jo Whitehead** y **Sydney Finkelsten**, *que destaca ideas clave y ejemplos de compañías, y una lista de verificación para poner la idea en práctica.*

Resumen de la idea

- Los líderes toman decisiones, sobre todo mediante procesos inconscientes que los neurocientíficos llaman «reconocimiento de patrones» y «etiquetado emocional». Por lo general, estos procesos permiten adoptar medidas eficaces y rápidas, pero pueden estar distorsionados por algún sesgo.
- Los directivos tienen que encontrar métodos sistemáticos para reconocer las fuentes de los sesgos —lo que los autores llaman «condiciones de alarma»— y luego aplicar medidas de protección que introduzcan más análisis, mayor debate o una dirección más sólida. Los autores identifican tres de esas condiciones de alarma como la presencia de:
  - Intereses propios inadecuados; que, según las investigaciones, pueden ser un sesgo incluso para profesionales bienintencionados, como médicos o consultores.

- Vínculos distorsionadores a personas, lugares y cosas —por ejemplo, la reticencia de un ejecutivo a vender una unidad de negocio en la que ha trabajado—.
- Recuerdos engañosos, que pueden parecer relevantes y comparables a la situación actual, pero que llevan nuestro pensamiento al camino equivocado y ocultan importantes factores diferenciadores.

- Usando la perspectiva que se describe en este artículo, las compañías evitarán muchas decisiones defectuosas que están causadas por la forma en que opera nuestro cerebro.

La idea en la práctica

Para tomar decisiones rápidas, los líderes reconocen patrones en las situaciones con las que se encuentran, y luego responden a las asociaciones emocionales vinculadas a esos patrones. La mayor parte del tiempo, el proceso funciona bien pero, si esas asociaciones mentales son sesgadas, pueden dar lugar a errores importantes.

Ejemplo: Cuando Wang Laboratories lanzó su propio ordenador personal, el fundador, An Wang, decidió crear un sistema operativo privativo,[1] aunque el sistema PC de IBM estaba convirtiéndose en el sistema estándar. Esta metedura de pata estaba influida por la creencia de Wang de que IBM le había engañado al principio de su carrera, por lo que era reticente a usar un sistema relacionado con los productos de esa compañía.

---

1 N. de t.: Sistema operativo distribuido bajo acuerdos de licencia comercial que privan a su receptor del derecho de copiar, modificar o redistribuir el sistema ni de acceder al código fuente sin un pago previo.

Para no pasar por alto las elecciones equivocadas y que el proceso de toma de decisiones sea sólido, consigue la ayuda de una persona externa que identifique qué determinaciones pueden estar motivadas por el interés propio, por vínculos emocionales o por recuerdos engañosos.

> *Ejemplo:* Una directiva del negocio de cosméticos de una compañía india estaba a punto de ser promocionada, y valoraba el nombrar como sucesor a su número dos. Entendía que su decisión podía estar distorsionada por su relación con su colega y por su interés particular en mantener una carga de trabajo manejable durante la transición. Por esta razón, la ejecutiva pidió a un cazatalentos que evaluara a su colega y determinara si era posible encontrar mejores candidatos fuera de la compañía.

Si el riesgo de tomar decisiones distorsionadas es elevado, añade defensas al proceso de decisión: expón a los responsables de las decisiones a experiencias y análisis adicionales, introduce más debate y oportunidades para cuestionar las decisiones, añade más vigilancia y más control y verifica si la decisión está dando lugar a los resultados esperados.

> *Ejemplo:* Para ayudar a un CEO a que tomara una importante decisión estratégica, el presidente de una compañía química global animó al director a que pidiera consejo a unos banqueros de inversión, a que montara un equipo de proyecto para analizar las distintas opciones y a que creara un comité de gobierno —en el que estaban incluidos el presidente y el director financiero— para revisar la propuesta del CEO.

IDENTIFICAR LAS CONDICIONES DE ALARMA

Las condiciones de alarma son útiles cuando se pueden identificar antes de tomar una decisión. ¿Cómo puedes reconocerlas en el caso de situaciones complejas? Hemos desarrollado el siguiente proceso en siete pasos:

1. ***Ordena las distintas opciones.*** Nunca es posible enumerarlas todas, pero suele ser útil tener en cuenta los extremos, que ayudan a poner límites a la decisión.
2. ***Anota a los principales decisores.*** ¿Quién influirá en las decisiones subjetivas y en la elección final? Puede que haya una o dos personas implicadas, pero también es posible que haya diez o más.
3. ***Escoge a un decisor para que se concentre en ella.*** Suele ser mejor empezar con la persona más influyente. Luego identifica las condiciones de alarma que pueden distorsionar el pensamiento de esa persona. Coméntalo con ella si es necesario.
4. ***Identifica posibles intereses propios inadecuados o vínculos distorsionadores.*** ¿Es alguna de las opciones particularmente atractiva o poco atractiva para el decisor, debido a intereses personales o vínculos con personas, lugares o cosas? ¿Alguno de esos intereses o vínculos entran en conflicto con los objetivos de la decisión?
5. ***Busca recuerdos engañosos.*** ¿Cuáles son las incertezas de esta decisión? Para cada área de incerteza, considera si el decisor puede apoyarse en recuerdos potencialmente engañosos. Piensa en experiencias pasadas que puedan ser ilusorias; en especial, aquellas con fuertes asociaciones emocionales. Piensa también en juicios previos que ahora puedan ser endebles, en vista de la situación actual.
6. ***Repite el análisis con la persona que sigue a la más influyente.*** En una situación compleja, puede ser necesario considerar a muchas más personas, y el proceso puede sacar a la luz una larga lista de posibles condiciones de alarma.

7. ***Revisa la lista de condiciones de alarma que has identificado como posibles fuentes de distorsión.*** Determina si el equilibrio de condiciones de alarma tiene capacidad para distorsionar la decisión a favor o en contra de algunas opciones. Si es así, pon en marcha uno o más mecanismos de salvaguarda. Los sesgos pueden anularse unos a otros, así que es necesario valorar el equilibrio teniendo en cuenta la posible influencia de cada persona que participará en la decisión.

ANDREW CAMPBELL

Director del Ashridge Strategic Management Centre en Inglaterra. Jo Whitehead (jo.whitehead@ashridge.org.uk) es directora del Ashridge Strategic Management Centre en Londres. Sydney Finkelstein es profesor de gestión en la cátedra Steven Roth y director del Leadership Center en Facultad de Negocios Tuck del Dartmouth College. Su nuevo libro es *Superjefes: cómo los líderes excepcionales inspiran el talento* (2017). Campbell, Whitehead y Finkelstein son coautores de *Ejecutivos inteligentes: conozca sus errores y aprenda de ellos.*

Capítulo 17

Estrategia emocional para las negociaciones

Alison Wood Brooks

Sin duda, mi día favorito del semestre es el que dedico a enseñar a mis alumnos de MBA un ejercicio de negociación llamado «Honrar el contrato».

Distribuyo a los estudiantes en parejas, y cada una lee una explicación diferente de una relación problemática —ficticia— entre un proveedor —un fabricante de componentes informáticos— y un cliente —una startup cuyo producto es un motor de búsqueda—. Los estudiantes descubren que las dos partes han firmado un detallado contrato ocho meses antes, pero ahora están en desacuerdo en varias de las cláusulas (volumen de ventas, precio, fiabilidad del producto o especificaciones de eficiencia energética). Cada estudiante representa el papel del cliente o del proveedor y recibe información confidencial sobre las finanzas y la política de cada compañía. Luego, cada pareja de estudiantes tiene que encargarse de renegociar las cláusulas; un proceso que puede llevar a la rectificación del acuerdo, al final del contrato o a una costosa demanda judicial.

Lo que hace interesante esta simulación, sin embargo, no son los detalles del caso, sino las instrucciones secretas que se dan a uno de los miembros de la pareja antes de iniciar el ejercicio: «Por favor, empieza mostrando enfado. Tienes que dar muestras de irritación durante un mínimo de diez minutos antes de comenzar a negociar». Las instrucciones continúan haciendo recomendaciones específicas para mostrar enfado: que les acuse de injustos o insensatos, que les culpe personalmente del desacuerdo o que les levante la voz.

Antes de que la negociación empiece, distribuyo a las parejas por todo el edificio para que los estudiantes no puedan ver cómo están comportándose los otros. Luego, cuando las parejas negocian, camino entre ellos y les observo. Aunque algunos estudiantes tienen que esforzarse mucho, otros son increíblemente buenos simulando ira. Agitan el dedo delante de la cara de su compañero. Caminan nerviosos. El ejercicio nunca ha acabado con un enfrentamiento físico, pero han estado cerca. Algunos de los negociadores que no han recibido las instrucciones secretas tratan de calmar la ira de la otra persona, pero otros reaccionan enfadándose también, y es increíble con qué rapidez crece la respuesta emocional. Cuando les llevo de nuevo a la clase después de treinta minutos, siempre hay estudiantes que siguen gritándose o moviendo la cabeza con gesto de incredulidad.

Durante la sesión que sigue, preguntamos a las parejas para ver cuál es el grado de enfado que sienten y cómo les ha ido resolviendo el problema. A menudo, cuanto más enfado han mostrado las partes, más frecuente es que la negociación haya dado resultados mediocres; por ejemplo, que haya acabado en litigación o sin acuerdo. Cuando he puesto al tanto a toda la clase del montaje, la discusión, invariablemente, llega a este punto clave: presentarse en una negociación con ira es como tirar una bomba sobre el proceso, y tiene un efecto profundo sobre los resultados.

Hasta hace veinte años, pocos investigadores habían prestado atención al papel de las emociones en la negociación —cómo los sentimientos pueden influir en la forma en que las personas superan el conflicto, alcanzan acuerdos y crean valor cuando tratan con la otra parte—. En su lugar, los estudiosos de la negociación se centraban principalmente en la estrategia y las tácticas; en particular, en las formas en que las partes pueden identificar y considerar las alternativas, usar la influencia y abrir el abanico de ofertas y contraofertas. El estudio científico de la negociación también tendía a centrarse en la naturaleza transaccional del acuerdo: cómo conseguir la mayor cantidad de dinero o provecho del proceso. Incluso cuando los expertos empezaron a observar las influencias psicológicas en las negociaciones, se centraron en los estados de ánimo inespecíficos y difusos, como si los negociadores se sintieran positivos o negativos, y cómo eso afectaba a su conducta.

Sin embargo, durante la pasada década, los investigadores empezaron a analizar cómo emociones específicas —como la ira, la tristeza, la decepción, la ansiedad, la envidia, la emoción y el arrepentimiento— pueden afectar a la conducta de los negociadores. Se han estudiado las diferencias entre lo que ocurre cuando la gente simplemente siente estas emociones y qué pasa cuando también las expresan a la otra parte mediante palabras o acciones. En las negociaciones menos transaccionales y que implican a las partes en relaciones a largo plazo, es incluso más importante entender el papel de las emociones que en los acuerdos transaccionales.

Esta nueva área de investigación está resultando extraordinariamente útil. Todos tenemos la habilidad de regular la forma en que sentimos las emociones, y las estrategias específicas pueden ayudarnos a mejorar tremendamente en ese sentido. También tenemos algún control sobre en qué medida expresamos nuestras emociones —y, de nuevo, hay formas concretas de ocultar o potenciar la expresión de una emoción cuando hacerlo nos puede reportar algún beneficio—. Por ejemplo, la investigación muestra que sentirse ansioso, o parecerlo, da lugar a negociaciones con resultados mediocres. Por tanto, las personas que tienen propensión a la ansiedad, cuando negocian un acuerdo, pueden seguir algunos pasos tanto para limitar su nerviosismo como para que este resulte menos evidente para la otra parte. Con otras emociones ocurre lo mismo.

En las páginas siguientes hablaré de las muchas emociones que la gente suele sentir en el curso de una negociación y de las estrategias para afrontarlas. La ansiedad es más habitual antes de que el proceso comience o en sus fases tempranas. Tendemos a sentir indignación o agitación en el calor de las discusiones. Y la tristeza, la decepción y el arrepentimiento suelen aparecer después.

Evitar la ansiedad

La ansiedad es un estado de alteración relacionado con los estímulos amenazantes —en particular, con las situaciones nuevas que pueden dar lugar a resultados no deseados—. A diferencia de la ira, que hace que la gente aumente el conflicto —la parte de la «lucha» de la respuesta de huida o lucha—, la ansiedad desencadena el cambio a la «huida» y hace que la gente quiera abandonar la escena.

Puesto que la paciencia y la persistencia suelen ser deseables cuando se negocia, la urgencia por abandonar la negociación suele ser contraproducente. Pero los efectos negativos de los sentimientos de ansiedad mientras se negocia pueden ser aún mayores. En mis investigaciones recientes he estado indagando si los negociadores ansiosos también tienen bajas aspiraciones y expectativas; lo que puede llevarlos a hacer unas primeras ofertas tímidas, una conducta que predice directamente malos resultados de la negociación.

En un trabajo con Maurice Schweitzer en 2011, exploré cómo influye la ansiedad en las negociaciones. Primero encuestamos a 185 profesionales sobre las emociones que esperaban sentir antes de negociar con un extraño, en dos situaciones: durante la negociación para comprar un coche y negociando un aumento de salario. Durante el acuerdo con un extraño y al pedir un aumento de salario, la ansiedad fue la expectativa emocional dominante; durante la negociación del precio del coche, la ansiedad seguía a la agitación.

PREPARA TU ESTRATEGIA EMOCIONAL

La preparación es clave para lograr un buen resultado en una negociación. Es vital pensar por adelantado en los factores de la negociación (¿quiénes son las partes? ¿Cuáles son los problemas? ¿Cuál es mi mejor opción si no alcanzamos un acuerdo?), pero quizás es aún más importante preparar tu estrategia emocional. Emplea las siguientes preguntas y recomendaciones para planificar por adelantado cada fase de la negociación.

	Pregúntate	Recuerda
Antes	• ¿Cómo me siento? • ¿Debería expresar mis emociones? • ¿Cómo debería sentirse la gente que está en la mesa? • ¿Es probable que expresen o que oculten sus emociones? • ¿Debo contratar a un tercero para que negocie en mi nombre?	• Es normal sentirse ansioso y agitado. • Intenta evitar la expresión de ansiedad. • Expresar emoción por anticipado puede ayudar a una buena sintonía. • En situaciones con especial carga emocional (p. ej., un divorcio), considera a un tercero (como un abogado) que negocie en tu nombre.
Acontecimiento principal	• ¿Qué cosas pueden pasar que me hagan sentir enfadado? • ¿Qué cosas de las que yo haga pueden molestar a la otra parte? • ¿Qué puede hacer o pedir la otra parte que me despierte la ansiedad?	• Ten cuidado si expresas ira; puede arrancar algunas concesiones pero también dañar la relación a largo plazo. • Evita irritar a la otra parte; podría retirarse. • Prepara respuestas a las preguntas difíciles; es crítico para mantener la calma en el momento.
El resultado	• ¿Cuáles son los posibles resultados de la negociación? ¿Qué resultados te gustaría alcanzar? ¿Qué esperas conseguir? • ¿Cómo pueden hacerte sentir esos resultados? • ¿Deberías expresar esos sentimientos? ¿A quién? • ¿Cómo puede sentirse la otra parte sobre los posibles resultados?	• Para reducir la decepción, haz un resumen con aspiraciones y expectativas claras y ajústalas a medida que negocies. • Cuando te sientas satisfecho con el resultado, puede ser inteligente reservártelo para ti. • Los mejores negociadores crean valor para todos, consiguiendo la mejor parte para ellos pero haciendo que la otra parte sienta que también ha ganado.

Para entender cómo la ansiedad puede afectar a los negociadores, pedimos luego a un grupo distinto de 136 participantes que negociaran un contrato de telefonía móvil que requería alcanzar un acuerdo sobre el precio de compra, un período de garantía y la duración del contrato. Provocamos ansiedad a la mitad de los participantes haciéndoles escuchar fragmentos de la conocida banda sonora de la película *Psicosis*, mientras que la otra mitad escuchaba una agradable música de Handel. (Los investigadores llaman a esto «manipulación emocional» y es una técnica bastante poderosa. Escuchar la banda sonora de *Psicosis* es bastante inquietante. A mucha gente le empiezan a sudar las palmas de las manos, y otros se ponen nerviosos).

En este experimento y en otros tres, observamos que la ansiedad tenía un efecto significativo en cómo negociaba la gente. Las personas ansiosas hacían primeras ofertas más tímidas, respondían con más rapidez a cada movimiento de la parte contraria y tenían más probabilidades de abandonar antes las negociaciones —aunque habían recibido instrucciones que les advertían de que irse demasiado pronto reduciría el valor del resultado de la negociación—. Los negociadores ansiosos alcanzan acuerdos con un atractivo financiero un 12 % inferior al de los negociadores del grupo neutro. Sin embargo, observamos que la gente que se puntuó a sí misma alto en una encuesta sobre negociación resultaron menos afectados por la ansiedad que otros.

Esos experimentos analizaron qué pasa cuando la gente se siente ansiosa. Pero ¿qué pasa cuando expresan que están ansiosos, dejando claro a sus homólogos que están nerviosos (y que quizás son vulnerables)? En 2012, realicé ocho experimentos con Francesca Gino y Maurice Schweitzer para determinar cómo se comportaba la gente ansiosa en situaciones en las que podían buscar el consejo de otros. Descubrimos que, en comparación con las personas que se sentían menos ansiosas, eran menos confiados, tendían a preguntar más a los otros cuando tomaban decisiones y eran menos capaces de distinguir entre los buenos y los malos consejos. En el experimento más relevante de todos, descubrimos que los participantes ansiosos no descartaban el consejo de alguien que tenía un conflicto de intereses declarado, mientras que los sujetos con emociones neutras tomaron ese consejo con actitud escéptica. Aunque esta investigación no determinó directamente cómo negociaban los sujetos, sugería que las personas que expresan ansiedad son más proclives a que se obtenga ventaja sobre ellas en una negociación, especialmente si la otra parte percibe su estado.

Los negociadores excelentes a menudo hacen que sus homólogos se sientan ansiosos de forma intencionada. Por ejemplo, en la serie de telerrealidad *Negociando con tiburones*, seis prósperos inversores (los «tiburones») negocian con emprendedores que buscan financiación. Los emprendedores tienen que proponer sus ideas frente a una audiencia televisiva enorme y responder a las preguntas de los inversores, que a menudo son agresivas y desconcertantes. Mientras tanto, en el estudio de televisión suena una música estresante. Este entorno hace algo más que crear dramatismo y entretenimiento para los espectadores. Los tiburones son negociadores profesionales que quieren desequilibrar a los emprendedores para que les resulte más fácil quedarse con sus ideas al precio más bajo posible. Cuando varios tiburones quieren invertir en un proyecto, a menudo sueltan comentarios que tienen la intención de crear ansiedad también en los inversores contrarios. Si sigues el programa con atención, seguramente percibirás un patrón: los emprendedores que parecen menos agitados por el estrés ambiental tienden a negociar de forma más cuidadosa e intencionada, y a menudo cierran los mejores acuerdos.

La lección tanto de la práctica como de la investigación está clara: haz todo lo posible para evitar sentirte ansioso mientras negocias. ¿Cómo puedes manejar esa ansiedad? Entrena, practica, ensaya y sigue perfeccionando tus habilidades de negociación. La ansiedad a menudo es una respuesta a nuevos estímulos; cuanto más cómodo te sientas, más disminuirá. Por eso, los médicos que tratan los trastornos mentales por ansiedad suelen utilizar la terapia de exposición: gente que teme volar en avión, en primer lugar, se acostumbran a los sonidos y las imágenes, luego se sientan en las butacas de una aerolínea y, por último, toman un vuelo. Aunque muchos asisten a clases de negociación para aprender estrategias y aumentar sus habilidades, uno de los principales beneficios es la confianza que se adquiere al practicar la negociación de acuerdos en simulaciones y ejercicios. La negociación acaba viviéndose como algo rutinario y deja de ser una experiencia tan causante de ansiedad.

Otra estrategia útil para reducir la ansiedad es contar con un experto externo para manejar la negociación. Cuando los negociadores son una tercera parte, están menos ansiosos porque sus habilidades están más perfeccionadas, el proceso es rutinario para ellos y tienen una menor implicación personal en el resultado. Subcontratar tu negociación puede sonar como una excusa, pero es una práctica común en muchas industrias. Los compradores y vendedores de inmuebles usan a empresas inmobiliarias, en parte, por su experiencia negociando. Atletas, autores, actores e incluso algunos ejecutivos de negocios confían la firma de sus contratos a un agente. Aunque hacerlo así representa un coste, a menudo están sobradamente compensados por los acuerdos más favorables que pueden lograrse. Y, a pesar de que los negociadores ansiosos serán quienes más ganen si un tercero negocia en su nombre —puesto que la ansiedad puede ser una emoción particularmente difícil de manejar en un entorno desconocido—, la estrategia resulta útil también cuando aparecen otras emociones negativas.

Gestionar la ira

Como la ansiedad, la ira es una emoción negativa, pero en lugar de estar centrada en uno mismo, generalmente se dirige hacia otra persona. En la mayoría de circunstancias, intentamos mantener la calma. Sin embargo, cuando se trata de negociar, mucha gente cree que la ira puede ser una emoción muy productiva, que les ayudará a llevarse un pedazo más grande de la tarta.

Esta visión viene de la tendencia a entender las negociaciones en términos competitivos, en lugar de colaborativos. Los investigadores llaman a esto «la falacia de la tarta»: hay personas, en particular las que tienen una experiencia limitada en negociar acuerdos, que dan por supuesto que una negociación es un juego de suma cero en el que sus propios intereses entran directamente en conflicto con los de su homólogo. En cambio, los negociadores con más experiencia buscan formas de hacer crecer el pastel mediante la colaboración, en lugar de tratar descaradamente de comerse el trozo más grande. Desde esta perspectiva, la ira te hace más fuerte, más poderoso y más capaz de apropiarte de ese valor.

De hecho, hay todo un cuerpo de investigación —la mayoría realizada por Keith Allred, antiguo miembro de la Facultad de Gobierno Kennedy de la Universidad de Harvard— que documenta las consecuencias de negociar en estado de ira. Según estos estudios, la ira a menudo perjudica el proceso y hace crecer el conflicto, sesga las percepciones y aumenta la probabilidad de llegar a callejones sin salida. También reduce la posibilidad de ganancias conjuntas, disminuye la cooperación e intensifica las conductas competitivas; además, las ofertas se rechazan más rápidamente. Los negociadores enfadados son menos cuidadosos que los neutros, tanto en recordar sus propios intereses como en juzgar los de la otra parte. Y pueden tratar de dañar y contraatacar a la otra parte, aunque una actitud más cooperativa aumente el valor de lo que las dos partes pueden obtener de la negociación.

A pesar de estos hallazgos, mucha gente continúa viendo ventajas de sentirse o mostrarse enfadada. Algunos incluso intentan aumentar la intensidad de su enfado, porque creen que les resultará más eficaz en la negociación. En mis propias investigaciones he observado que, si se da a escoger entre sentirse iracundo o feliz durante una negociación, más de la mitad de los participantes quieren estar enfadados y lo ven como una ventaja importante.

En algunos casos, la ira puede llevar a conseguir mejores resultados. Las investigaciones realizadas por Gerben van Kleef, en la Universidad de Amsterdam, demuestran que en una negociación transaccional que transcurre en una única sesión y con pocas oportunidades de crear valor, un negociador iracundo puede acabar consiguiendo un mejor acuerdo. Incluso se dan situaciones en las que un negociador decide simular furia para que la otra parte, intentando aplacar esa ira, sea proclive a ceder en los términos. Esto puede funcionar bien si estás regateando con un extraño para comprar un coche, por ejemplo.

Pero los negociadores que juegan esta carta deben tener claros los costes. Cuando se aplica esa estrategia en una negociación, la relación a largo plazo entre las partes queda dañada. Se reducen la simpatía y la confianza mutua. La investigación de Rachel Campagna, de la Universidad de New Hampshire, revela que las demostraciones falsas de ira pueden dar lugar a pequeños beneficios tácticos, pero también llevan a reacciones negativas importantes y persistentes. Es decir, simular ira puede crear auténticos sentimientos de indignación, lo que afecta a la confianza de las dos partes. En la misma línea, la investigación de Jeremy Yip y Martin Schweinsberg demuestra que la gente que topa con un negociador irritado es más proclive a marcharse, prefiere dejar el proceso en un callejón sin salida.

En numerosos contextos, entonces, sentirse o expresar ira como táctica de negociación puede resultar contraproducente. Así que, en muchos casos, reducir cualquier enfado, si lo sientes, y controlar la ira que muestras, es una estrategia más inteligente. Puede ser difícil hacerlo, pero algunas tácticas pueden ser de ayuda.

Establecer una buena relación antes, durante y después de una negociación puede reducir las posibilidades de que la otra parte se enfade. Si quieres que una negociación transcurra cooperativamente —en otras palabras, si lo que quieres es una solución en la que las dos partes ganen, en lugar de llevarte el pedazo grande de la tarta—, puedes limitar la percepción de la otra parte de que un ataque iracundo en busca de beneficios funcionará. Si la otra parte se enfada, discúlpate. Incluso si sientes que el enfado es injustificado, reconoce que sin duda estás mejor posicionado tácticamente si puedes reducir la hostilidad.

Quizás la forma más eficaz de lidiar con la angustia en las negociaciones es reconocer que muchas negociaciones no se desarrollan en solo una sesión, sino en múltiples reuniones. Así que, si empiezan a aparecer tensiones, pide un descanso, cálmate y volved a reuniros. Esto no es fácil cuando estás enfadado, porque tu respuesta de huida o lucha te lleva a intensificar tus emociones, no a contenerlas. Resiste esa urgencia y da tiempo a que la ira desaparezca. En las negociaciones acaloradas, lo más inteligente puede ser pulsar el botón de «pausa».

Por último, puedes plantearte el convertir la ira en tristeza. Aunque reformular una emoción negativa y convertirla en otra suene ilógico, los sentimientos compartidos de tristeza pueden llevar a una concesión cooperativa, mientras que la ira que provoca la oposición a menudo lleva a un punto muerto.

Gestionar la decepción y el arrepentimiento

Muchas veces resulta tentador enfocar las negociaciones en términos de blanco o negro: pierdes o ganas. Por supuesto, esto suele ser una visión demasiado simplista: la mayoría de las negociaciones complejas acaban con unos objetivos conseguidos y otros no para cada una de las partes, con una mezcla de ganancias y pérdidas. Sin embargo, a medida que la negociación se acerca al final, es natural ver el acuerdo que se perfila, al valorarlo, como más positivo o negativo.

La decepción puede ser una fuerza poderosa cuando se expresa a la otra parte hacia el final de la negociación. El enfado y la decepción están relacionados, ambas emociones suelen aparecer cuando una persona siente que va a salir perjudicada, y es útil entender cómo una se puede usar de forma más constructiva. Recuerda cómo reaccionabas de niño cuando tus padres decían: «Me has decepcionado»; en lugar de decirte: «Estoy muy enfadado contigo». Aunque expresar ira puede hacer que la otra parte se ponga a la defensiva o que aumenten las posibilidades de llegar a un callejón sin salida, expresar tu decepción puede servir en mayor medida como un propósito táctico, al hacer que la otra parte considere sus propias acciones de forma crítica y valore si quiere cambiar su posición para mitigar los sentimientos negativos que ha causado.

La investigación muestra que una de las causas de decepción en una negociación es la velocidad a la que discurre el proceso. Cuando una negociación se desarrolla o concluye demasiado rápido, los participantes tienden a sentirse insatisfechos. Se preguntan si habrían podido —o debido— hacer más o presionar en mayor medida. Los profesores de negociación tratan este aspecto en los ejercicios de clase: a menudo, los estudiantes que finalizan antes son los más decepcionados con el resultado. La forma obvia de atenuar la probabilidad de decepción es proceder con una pausa de forma intencionada.

El arrepentimiento es algo diferente de la decepción. Mientras que esta última suele conllevar tristeza por el resultado, alguien que siente arrepentimiento tiene en cuenta las acciones un poco anteriores: las que llevaron a este resultado insatisfactorio, y piensa en los pasos equivocados y los errores que han creado la decepción.

Los estudios muestran que la gente suele arrepentirse en mayor medida de las acciones que no ha realizado —de las oportunidades perdidas y los errores de omisión—, en lugar de arrepentirse de los errores cometidos. Esto es una potente fuente de información para los negociadores, cuyas principales acciones deben ser hacer preguntas, escuchar, proponer soluciones y generar nuevas alternativas si las partes no consiguen ponerse de acuerdo. Irónicamente, la gente a menudo no hace preguntas durante el proceso de negociación. Pueden olvidar hablar de aspectos importantes o sentirse reticentes a investigar con demasiada profundidad, por no resultar invasivos o groseros. Estos miedos a menudo son equivocados. De hecho, quienes formulan muchas preguntas tienden a ser más agradables y aprenden más cosas.

En las negociaciones, la información lo es todo, y aprender debería ser un objetivo central. Una forma de reducir la posibilidad de arrepentimiento es hacer preguntas sin dudarlo. El objetivo es salir de la negociación con el sentido de que hemos explorado todos los posibles caminos.

Los negociadores hábiles utilizan otra técnica para minimizar la posibilidad de arrepentimiento: «el acuerdo después del acuerdo». Esta estrategia reconoce que la tensión a menudo se disipa cuando sobre la mesa hay un acuerdo que satisface a todos, y algunas veces la mejor negociación tiene lugar cuando se libera la tensión. Así que, en lugar de darse un apretón de manos y cerrar el acuerdo, una parte puede decir: «Está bien. Tenemos los términos que estamos dispuestos a aceptar, pero ahora que sabemos que hemos llegado a un acuerdo, vamos a dedicar unos minutos a hablar para ver si encontramos algo más que favorezca a las dos partes». Cuando esto se hace de forma incompetente, puede parecer que uno está tratando de incumplir sus promesas o de renegociar. Sin embargo, si se maneja con destreza, este recurso puede abrir un camino para las dos partes, que se sientan incluso más satisfechas con el resultado y que eviten arrepentimientos.

Moderar la alegría y el entusiasmo

No hay mucha investigación sobre como la felicidad y el entusiasmo afectan a las negociaciones, pero la intuición y la experiencia sugieren que expresar estas emociones puede tener consecuencias significativas. La Liga de Fútbol Americano profesional prohíbe y penaliza las «celebraciones excesivas» después de un gol, porque se considera que esos gestos pueden causar malos sentimientos. Por la misma razón, el «ganador» en un acuerdo no debe regodearse a medida que la negociación se acerca a su fin. Sin embargo, esto sucede a menudo. En los talleres suelo ver a los estudiantes jactarse y alardear —a veces, ante toda la clase— de cómo vencieron a sus oponentes en un ejercicio de negociación. No solo los estudiantes corren el riesgo de parecer unos patanes, sino que en un contexto real podrían sufrir consecuencias más graves: la otra parte podría invocar un derecho de rescisión, buscar una renegociación o tomar medidas punitivas la próxima vez que las partes necesitasen llegar a un acuerdo.

Aunque es desagradable sentirse decepcionado tras una negociación, puede tener peores consecuencias hacer que la otra parte se sienta de este modo. Y, en ciertas situaciones, mostrar la felicidad o el entusiasmo despierta la decepción en otros. Los mejores negociadores consiguen grandes ofertas para ellos, pero dejan a sus oponentes creyendo que también lo hicieron de fábula, aunque en realidad no haya sido así. En los acuerdos que implican un grado significativo de colaboración futura —por ejemplo, cuando dos compañías acuerdan fusionarse o cuando un actor firma un contrato con un productor para protagonizar su próxima película— puede ser adecuado mostrar emoción, pero es importante concentrarse en las oportunidades futuras más que en las condiciones favorables que uno haya acabado de ganar.

Otro peligro del entusiasmo es que puede hacer que te comprometas en mayor grado con estrategias o formas de actuar que sería mejor que abandonaras. En mi clase de negociación hacemos un ejercicio en el que los estudiantes deben decidir si enviar o no un piloto a una carrera importante con un motor defectuoso. A pesar de los riesgos, la mayoría de los estudiantes optan por seguir adelante con la carrera, porque están emocionados y quieren obtener los máximos triunfos. Este ejercicio guarda una relación directa con un ejemplo de la vida real: el lanzamiento del transbordador espacial *Challenger*. Aunque los ingenieros que diseñaron la pieza defectuosa de la aeronave mostraron reticencias al respecto, los responsables de la NASA estaban demasiado emocionados y decididos a continuar con el lanzamiento. Su decisión llevó, finalmente, a la explosión de la nave y a la muerte de los siete miembros de equipo.

Aquí hay dos lecciones para los negociadores. En primer lugar, ser considerado; no dejes que tu emoción haga que la otra parte sienta que ha perdido. En segundo lugar, sé escéptico; no dejes que tu excitación te lleve a un exceso de confianza o de compromiso con datos insuficientes.

La negociación requiere algunas de las habilidades que se necesitan para jugar al póker: una metodología estratégica, la imaginación para ver alternativas y el don de evaluar las probabilidades, interpretar a la gente, entender las posiciones de los demás y marcarse un farol cuando sea necesario. Sin embargo, mientras que las partes en una negociación deben esforzarse para alcanzar el acuerdo, los jugadores del póker toman decisiones de forma unilateral. El póker también carece de resultados de «beneficioso para todos» o estrategias para compartir las ganancias: cualquier mano que se reparte es generalmente un juego de suma cero, con ganancias para un jugador que vienen directamente de las pérdidas de los otros.

No obstante, los negociadores pueden aprender una lección crucial de la mesa de juego: el valor de controlar las emociones que sentimos y, especialmente, las que revelamos. En otras palabras, los buenos negociadores deben aprender a poner cara de póker, no una sin expresión que esconda los verdaderos sentimientos, sino una que muestre las emociones correctas en los momentos adecuados.

MANEJAR LAS EMOCIONES DE LA OTRA PARTE

La negociación es un proceso interpersonal. Siempre hay, como mínimo, otra parte involucrada, y a menudo son muchas más. En apartados anteriores detallo cómo gestionar las propias emociones durante una negociación. Pero ¿qué pasa con las otras personas de la mesa? ¿Es posible manejar también sus emociones? Sugiero dos estrategias para hacerlo:

1. ***Observa.*** Percibir cómo se sienten los demás es una característica fundamental de la inteligencia emocional, y es particularmente importante durante las negociaciones (como han mostrado Adam Galinksy y su equipo). Así que sintonízate con el lenguaje corporal y el tono de voz de la otra parte, y presta atención a las palabras que elijan. Cuando los signos verbales y no verbales no coincidan, pregunta por qué. Por ejemplo, «Estás diciendo que te parece bien este resultado, pero pareces incómodo. ¿Hay algo que no te guste?». O «Dices que estás enfadado, pero no lo pareces. ¿De verdad hay algo que te molesta? ¿O tal vez tratas de intimidarme?».

Hacer preguntas concretas a partir de tu percepción de las expresiones emocionales de la otra parte te ayudará a entender su perspectiva —una tarea en la que las personas son increíblemente incompetentes, según la investigación realizada por Nicholas Epley—. También hará que a la otra parte le resulte más difícil mentirte; evidentemente, las personas prefieren mentir omitiendo alguna información que mentir acerca de los propios sentimientos.

2. ***No tengas miedo de ejercer una influencia directa en las emociones de la otra parte.*** Esto puede sonar a manipulador o, incluso, poco escrupuloso, pero puedes emplear esta influencia con un propósito positivo. Por ejemplo, si la otra parte parece enfadada o ansiosa, aportar algo de humor o tranquilidad empática puede provocar un sorprendente cambio en el tono de la interacción. Por

la misma razón, si la otra parte parece arrogante o avasalladora, expresar un enfado apropiado puede despertar una saludable dosis de respeto.

En una investigación reciente realizada con Elizabeth Baily Wolf, he descubierto que es posible ir más allá en la gestión de las emociones de los demás: muestras una emoción, la otra parte la percibe, y entonces influyes en la interpretación que hace de ella. Por ejemplo, supongamos que empiezas a llorar en el trabajo —llorar es una conducta difícil de controlar y que se suele considerar vergonzosa—. Decir «Lloro porque soy apasionado», en lugar de decir «Siento haberme puesto tan emotivo», puede cambiar completamente la reacción de los otros y el cómo ven tu autocontrol y tu competencia.

Y, aunque todos los seres humanos sentimos emociones, la frecuencia y la intensidad con la que lo hacemos difiere entre distintas personas. Para lograr mejores acuerdos, haz una evaluación exhaustiva de las emociones que eres particularmente propenso a sentir antes, durante y después de las negociaciones, y usa técnicas para minimizar o maximizar la experiencia y suprimir o intensificar la expresión de las emociones según sea conveniente.

En una de mis escenas favoritas de la comedia de televisión *30 Rock*, Jack Donaghy (Alec Baldwin), que se considera un experto negociador, le explica a un colega por qué ha cerrado un trato pésimo: «Perdí por culpa de las emociones; siempre había pensado que eran una debilidad, pero ahora he aprendido que también pueden ser un arma». Tomando prestada la perspicaz metáfora de Jack, te invito a que manejes tus emociones intencionadamente. Piensa cuidadosamente cuándo vas a usar esta arma, cuándo vas a disparar y cuándo vas a guardarla segura, disimuladamente oculta en una funda. Trata de evitar sentirte ansioso, ten cuidado al expresar ira, haz preguntas para evitar la decepción y el arrepentimiento, y recuerda que la felicidad y el entusiasmo pueden tener consecuencias adversas.

Igual que preparas tus movimientos tácticos y estratégicos antes de una negociación, tienes que invertir esfuerzo en preparar tu postura emocional. Será un tiempo bien invertido.

Alison Wood Brooks

Profesora asistente en la Escuela de Negocios de la Universidad de Harvard. Da clases de negociación en los programas de MBA y educación ejecutiva, y está afiliada al Behavioral Insights Group.

Capítulo 18

Trabajar en todas las culturas

ANDY MOLINSKY

Uno de los mayores valores que uno tiene como nativo de una cultura es la capacidad de «leer» rápidamente las emociones de otra persona. Con el tiempo, aprendemos a interpretar en el rostro de nuestros colegas si están interesados de verdad en un proyecto o si solo dicen estarlo. Por la forma en que alguien reacciona, podemos saber cuándo le gusta de verdad algo que hemos propuesto. Y, por lo general, también podemos identificar la motivación, si una persona está dispuesta a dedicar tiempo y esfuerzo extra para hacer algo, solo viendo la emoción en sus ojos o la pasión en su voz.

Por supuesto, se nos presenta un problema cuando cambiamos de cultura y nos aventuramos en un mundo de expresión emocional completamente distinto al nuestro. Las emociones pueden variar de forma sorprendente en distintas civilizaciones, tanto en el modo en que se expresan como en su significado. Trabajar en otras culturas sin entender de forma meticulosa estos paisajes emocionales puede compararse a caminar por un campo de minas.

Tomemos por ejemplo la expresión del entusiasmo. En Estados Unidos es culturalmente aceptable, incluso admirable, mostrar entusiasmo en un entorno profesional en el momento oportuno. Cuando durante una reunión se discute un punto, por ejemplo, es bastante apropiado expresar tus opiniones de forma apasionada; esto puede ayudar a convencer a los que te escuchan. O, cuando hablamos con un potencial empleador, en un encuentro de *networking*, a menudo se nos anima a expresar nuestro interés mostrando bastante entusiasmo; el empleador puede interpretarlo como un indicio de lo implicado que estás en un trabajo, según el ímpetu que expreses.

Sin embargo, en muchas otras culturas, el entusiasmo significa algo bien distinto. Es el caso, por ejemplo, de Japón, donde existen estrictas limitaciones sobre cuándo y dónde está permitido mostrar las emociones.[1] Durante las horas habituales de trabajo, los japoneses no suelen expresar sus emociones. Aunque su trabajo les emocione, raramente lo demostrarán de forma explícita. Sin embargo, esto suele cambiar cuando dejan el lugar de trabajo: los japoneses muestran muchas emociones, por ejemplo, cuando beben, salen a cenar con sus compañeros o van al karaoke a cantar. En China, el autocontrol y la modestia son una característica distintiva de la cultura del país, y no se expresan abiertamente las emociones.[2] De hecho, mostrar entusiasmo de forma demasiado evidente, en especial frente a un superior, puede ser visto como una forma de alardear, algo que no se aprueba en esa cultura.

Dadas estas diferencias y la importancia de entenderlas cuando nos comunicamos con una cultura distinta, ¿qué debe hacer un directivo sensato?

La primera recomendación es entender las emociones como otro idioma. Si vas a viajar o a mudarte a Francia, tienes que aprender francés, o al menos algunas frases básicas. Haz lo mismo con las emociones: intenta aprender el lenguaje no verbal de la cultura donde vayas a trabajar. Observa si las personas tienden a expresar sus emociones sin

1 Fumiyo Araki y Richard L. Wiseman, «Emotional Expressions in the United States and Japan», en *International Communication Studies* 6, n.º 2 (1996).

2 Ibid.

reparos o si se las reservan, y si —como en el caso de Japón— existen momentos y lugares donde expresarlas con libertad. Identifica las diferencias entre cómo expresarías las emociones en tu cultura y cómo la gente con la que te relacionas expresa las suyas.

Además de aprender el lenguaje de las emociones, asegúrate de que aprendes a responder de un modo constructivo cuando te enfrentas a emociones distintas de las tuyas. Por ejemplo, si esperas una sonrisa de tu jefa después de sugerir una nueva idea, pero te encuentras con un rostro inexpresivo, no supongas que ella te odia a ti o a tu idea. En lugar de eso, recaba más información para entender bien su punto de vista. Puedes hacerle alguna pregunta para entender mejor su opinión: pregúntale si tu propuesta estaba clara o si cree que resuelve lo que la preocupaba. Recuerda que las normas culturales difieren también en cuanto a la permisividad para formular preguntas a un superior, pero la idea general es que intentes recoger la máxima información para descifrar expresiones emocionales, en lugar de tomar como referencia tu impresión inicial a partir de una reacción instintiva o de una suposición.

ANDY MOLINSKY

Profesor de gestión internacional y de conducta organizacional en el Brandeis International Business School. Es autor de *Global Dexterity* (Harvard Business Review Press, 2013) y su último libro es *Reach: A New Strategy to Help You Step Outside Your Comfort Zone, Rise to the Challenge, and Build Confidence* (Penguin Random House, 2017). Puedes seguirle en Twitter en @andymolinsky.

Parte cinco

Tratar con personas difíciles

Capítulo 19

Convierte a tus enemigos en aliados

Brian Uzzi y Shannon Dunlap

John Clendenin acababa de graduarse en la escuela de negocios en 1984 cuando se incorporó a su primer puesto como directivo en la división de piezas y suministros de Xerox. No podía ocultar que era nuevo: joven, afroamericano y exmarine, vestido con camisas rosadas y trajes marrones que destacaban entre el tradicional atuendo gris y negro de sus nuevos compañeros. «Yo era muy diferente», recuerda. Sin embargo, en su nuevo puesto tenía que dirigir a un equipo con empleados que llevaban décadas en Xerox.

Uno de sus subordinados directos era Tom Gunning, un veterano empleado de la compañía que creía que deberían haberle dado a él el empleo de Clendenin; no a un recién llegado más joven sin conocimientos técnicos. Gunning también tenía a algunos amigos en el equipo. En consecuencia, los primeros días de Clendenin estuvieron llenos de sonrisas forzadas y de comentarios a sus espaldas. Aunque no buscaba enfrentarse a nadie: «Sabía que estas personas estaban descontentas con mi llegada», recuerda.

Clendenin hacía bien siendo cauteloso. Cualquiera que se haya enfrentado a un rival en el trabajo —un compañero que se siente amenazado por tus habilidades, un superior que no quiere reconocer tus buenas ideas o un subordinado que te perjudica— sabe que entrar en esa dinámica suele ser catastrófico tanto para su carrera como para el grupo u organización. Cuando los que detentan el poder, formal o informal, se enfrentan a ti, puedes acabar convenciéndote de que es imposible realizar un trabajo significativo y obtener reconocimiento por ello.

Incluso si te encuentras en una posición ventajosa, una relación antagónica coloca inevitablemente una nube sobre ti y sobre tu equipo, debilitando la energía, frenando el progreso y distrayendo a los miembros de sus objetivos.

Puesto que las rivalidades pueden llegar a ser tan destructivas, no basta con ignorarlas, esquivarlas o intentar contenerlas. Se trata de hacer lo que hacen los líderes eficaces: convertir a los rivales en colaboradores, fortalecer sus posiciones, sus redes y sus carreras en el proceso. No pienses en estas relaciones como en enfermedades crónicas que debes soportar, sino como en heridas que hay que curar para poder llevar una vida laboral saludable.

En este artículo compartimos el método llamado de «las tres erres» o «3R»: redirección, reciprocidad y racionalidad; utilizándolas para convertir eficaz y efectivamente a tus adversarios en tus aliados. Si ejecutas correctamente cada paso, desarrollarás un nuevo «tejido conectivo» dentro de la organización, y aumentará tu capacidad para intercambiar conocimiento y catalizar nuevas ideas. El método procede de nuestros propios estudios de casos inductivos —que incluyen entrevistas con líderes empresariales, como John Clendenin, que aceptó contar su historia en este artículo— y de investigaciones empíricas llevadas a cabo por Brian y otros, que indagan la fisiología del cerebro, la sociología de las relaciones y la psicología de la influencia.

Emociones y confianza

Gran parte de los esfuerzos bienintencionados que tratan de revertir las rivalidades fracasan en gran medida porque la confianza funciona de forma compleja en las relaciones. La investigación muestra que la confianza se basa tanto en la razón como en las emociones. Si nos dirigimos negativamente hacia una persona —normalmente, porque percibimos alguna amenaza relacionada con ella—, la razón se modificará para coincidir con esos sentimientos negativos. Por eso, las enemistades pueden llevar la confianza a un callejón sin salida: los nuevos hechos y argumentos, no importa lo creíbles y lógicos que sean, se pueden ver como estratagemas que persiguen el engaño. Este efecto no es solo psicológico, es también fisiológico. Cuando sentimos emociones negativas, la sangre se retira de la parte pensante del cerebro, la corteza cerebral, e irriga las partes más antiguas y menos susceptibles a obedecer nuestra voluntad, el tallo «reptiliano», paralizando el procesamiento de nueva información.

La mayoría de ejecutivos que deciden revertir una rivalidad recurren, comprensiblemente, a la razón, y buscan incentivos para lograr establecer una colaboración fiable. Pero en estas situaciones, el «cerebro emocional» debe manejarse antes, para que los adversarios puedan entender la evidencia y sean receptivos a la persuasión.

Cuando John Clendenin miró a Tom Gunning en Xerox, inmediatamente vislumbró las bases de una sólida asociación mucho mejor que una relación superficial entre subordinado y superior. Gunning acumulaba veinte años de conocimiento organizacional y técnico y contactos en toda la compañía, pero carecía de las habilidades de liderazgo y visión que él poseía. Por el contrario, él era un experto en gestión, pero necesitaba la experiencia y las conexiones de Gunning para navegar con éxito por su nueva empresa. Por desgracia, las emociones de Gunning se interponían en el camino. Clendenin necesitaba emplear las 3R.

Redirección

El paso 1 consiste en redireccionar o redirigir las emociones negativas de tu oponente para apartarlas de ti. Clendenin decidió tener una reunión cara a cara con Gunning, pero no en su oficina, porque eso a su antagonista solo le recordaría el ascenso que había perdido. En cambio, se enteró de dónde le gustaba comer y le llevó allí. «Le estaba comunicando que entendía su valor», dice Clendenin de esta redirección contextual.

A esta maniobra siguió una declaración directa del desvío, diciéndole a Gunning que una tercera parte, fuera del control de ellos dos, era la causa de su situación. «No te he puesto yo en esta posición», dijo Clendenin. «Xerox nos ha puesto a ambos en esta posición».

Muchos ejecutivos se burlan cuando escuchan esta historia, convencidos de que las acciones de Clendenin son demasiado transparentes. Pero la redirección no tiene por qué ser oculta. Por ejemplo, en las actuaciones de magia, las personas de la audiencia asumen que su atención está siendo desviada, pero eso no afecta a su aceptación ni impide que disfruten de la técnica. Otras interacciones personales funcionan de manera similar. Por ejemplo, aceptamos los cumplidos incluso cuando los reconocemos como tales.

Otra táctica de desvío frecuente es iniciar una conversación sobre las cosas que tu oponente y tú tenéis en común, o de forma casual reformular una situación tensa —una iniciativa, un empleado o un acontecimiento en particular— bajo una luz más favorable. Suena obvio. Pero esa redirección apartará las emociones negativas lejos de ti y sentará las bases para dirigirte al paso 2: la reciprocidad.

Reciprocidad

El principio esencial es dar antes de pedir. Para deshacer un vínculo negativo hay que empezar por renunciar a algo de valor, en lugar de pedir un «intercambio justo». Si das e inmediatamente pides algo a cambio, no estableces una relación: estás haciendo una transacción.

Cuando se hace correctamente, la reciprocidad es como bombear agua. Antiguamente, bombear agua requería mucho esfuerzo. Tenías que mover la palanca una y otra vez para hacer desaparecer el vacío y conseguir que el agua comenzara a fluir. Pero, si antes echabas un pequeño cubo de agua, el vacío se eliminaba rápidamente, consiguiendo que el agua fluyera con menos esfuerzo. La reciprocidad con un rival funciona de la misma manera.

Reflexiona cuidadosamente sobre lo que vas a ofrecer. Lo ideal es elegir algo que requiera poco esfuerzo a la otra parte cuando quiera corresponder. Clendenin pasó de la redirección a la reciprocidad en la comida: prometió a Gunning que apoyaría su desarrollo de liderazgo y su futuro progreso en Xerox. Pero Clendenin supuso que las simples promesas de futuras recompensas no bastarían para que el otro comenzara a colaborar, así que ofreció a Gunning algo concreto: la oportunidad de asistir a reuniones de nivel ejecutivo. Esto era de valor inmediato, no un beneficio lejano y difuso. Gunning podría ganar visibilidad, credibilidad y conexiones.

El acuerdo también aseguró la reciprocidad. La presencia de Gunning en las reuniones aportó a Clendenin experiencia técnica y conocimiento organizacional, a la vez que obtenía «puntos de reputación» con los contactos de Gunning. Así, la oferta de Clendenin creó la forma más pura de reciprocidad. Si Gunning asistía a las reuniones, él nunca tendría que pedir explícitamente un *quid pro quo*.

Para alcanzar la reciprocidad, tendrás que considerar de qué modo puedes satisfacer de forma inmediata alguna necesidad de tu rival o cómo puedes mitigar las molestias de algún aspecto que le inquiete. Mantente a la altura de los objetivos de la negociación, pero averigua cómo asegurar que tu rival te corresponda sin que se sienta presionado. Veamos el ejemplo del compañero de Brian, Adam Galinsky, que asesora a líderes sobre reestructuraciones contenciosas y cierres de negocios para mantener un buen clima a pesar de la situación, para ello ofrece a los empleados salientes referencias profesionales o colocaciones en otras compañías, siempre y cuando continúen cumpliendo o superando las expectativas de rendimiento hasta que se cierre la oficina. Los empleados ven en ello un valor inmediato, y la empresa se beneficia manteniendo la continuidad de su fuerza laboral hasta el cierre previsto.

Igualmente, un colega que ayuda a un rival a terminar un proyecto o a un subordinado que dedica horas extras a concluir una tarea para un jefe difícil no solo se ayuda a sí mismo, sino que puede ser recompensado si otros compañeros o superiores también sacan partido de su esfuerzo. En este caso, la ayuda adecuada antes de pedir algo a cambio sienta las bases de la reciprocidad con terceros, cuyo apoyo puede ayudar positivamente a reconstruir una relación antagonista (véase «Las rivalidades no ocurren de forma aislada»).

Racionalidad

El paso 3, la racionalidad, establece las expectativas de la relación que has iniciado en los pasos anteriores, para que tus esfuerzos no parezcan deshonestos o una concesión sin sentido. ¿Qué habría pasado si Clendenin, durante la comida con su compañero, no hubiera tratado el tema de cómo quería trabajar con él en el futuro? Gunning podría haber hecho suposiciones sobre las intenciones de su nuevo jefe y habría mantenido su antagonismo. Si un oponente está preocupado por ver cómo actúas, su malestar emocional puede socavar la confianza que hayas logrado establecer.

Para emplear la racionalidad, Clendenin le dijo a Gunning que necesitaba a alguien como él para alcanzar sus metas en Xerox. Esto dejaba claro que veía a Gunning como un socio valioso, aunque no indispensable. Otra posibilidad más suave habría sido que Clendenin le hubiera concedido a Gunning «el derecho de elección» cuando le propuso que colaborara con él, haciendo que la oferta pareciera especial mientras le indicaba con corrección que había otros que podían hacerlo. Más claramente: Clendenin no le estaba pidiendo a Gunning un favor específico a cambio del que le había concedido en el paso 2, simplemente le decía que le gustaría que se convirtiera en un aliado.

LAS RIVALIDADES NO OCURREN DE FORMA AISLADA

Aunque para zanjar una rivalidad un líder haya puesto en práctica sin problemas la técnica de las 3R, su trabajo no necesariamente ha acabado. Esto ocurre porque, a menudo, la relación involucra a más de dos individuos. Todos conocemos a personas que tratan de obtener alguna ventaja del antagonismo de otros. Hay quien incluso podría ver una asociación floreciente con envidia o temor, lo que provocaría nuevas emociones negativas y rivalidades.

Puedes abordar este problema como hizo John Clendenin: presentando tu trabajo como beneficioso no solo para ti y para tu adversario, sino para toda la organización, de modo que el fin de la rivalidad represente un beneficio para todos. Cuando Clendenin llevó a Tom Gunning a las reuniones ejecutivas, dejó claro que iba a ser un ejemplo de una nueva era en Xerox, en la que los empleados con talento y de larga trayectoria podrían encontrar nuevos caminos hacia el liderazgo en un momento de transición corporativa. Además, si a quienes promovían el conflicto no les importaba el éxito de Clendenin y Gunning, sería mucho más difícil para ellos sabotear un esfuerzo claramente positivo para la compañía.

Clendenin también reforzó la conexión entre los tres pasos poniendo un límite temporal a su oferta, lo que hizo que la percepción del valor del acuerdo aumentara sin cambiar su contenido. Clendenin le dijo a Gunning que necesitaba una respuesta antes de salir del restaurante. «Necesitaba cortar el tema de raíz», recuerda. «Él sabía que no me importaba que nos quedáramos en ese restaurante hasta la medianoche si era necesario».

Cuando tras la redirección y la reciprocidad se aplica la racionalidad, lo más seguro es que tu adversario se vea impelido a reconsiderar la situación desde un punto de vista razonado, con una buena comprensión de las expectativas y los beneficios, y que se dé cuenta de que tiene a su alcance una oportunidad valiosa que podría perderse. La mayoría de las personas están muy motivadas para evitar una pérdida, una actitud que complementa su deseo de obtener algo. La racionalidad vendría a ser como ofrecer una medicina con mal sabor después de una cucharada de azúcar: asegura que estás recibiendo el beneficio de cambiar las emociones negativas y las nuevas emociones positivas, que de otra manera con el tiempo acabarían difuminándose. Y, a la vez, se evita la ambigüedad, que difumina las expectativas y el feedback cuando los elogios y los favores llegan un día, y se espera lo que sigue.

Por supuesto, Clendenin y Gunning no salieron del restaurante convertidos en colaboradores absolutos. Pero los dos aceptaron concederse el mutuo beneficio de la duda. Durante las siguientes semanas, esta nueva mentalidad les permitió trabajar como aliados, un proceso durante el que fueron desarrollando su confianza y durante el que compartieron recursos en un ciclo de autorrefuerzo. Así, una rivalidad potencialmente debilitante se transformó en una relación de trabajo saludable y, con el tiempo, en una asociación sólida. Años más tarde, cuando Clendenin se trasladó a otra unidad de Xerox, nombró a Gunning como su reemplazo. Este desempeñó un excelente papel en su posición. Las bases de ese importante cambio se habían establecido durante una comida.

Adaptar las 3R

Una ventaja importante del método de las 3R es que permite trabajar para revertir todo tipo de rivalidades, incluidas las que se dan con un compañero o un superior. Tiempo después, durante su gestión en Xerox, Clendenin se dio cuenta de que los sistemas de inventario de la compañía eran ineficaces. En ese momento, Xerox se componía de unidades internacionales semiautónomas que almacenaban el exceso de inventario para hacer frente a una posible escasez. Clendenin propuso que, en su lugar, las unidades compartieran sus inventarios a través de una red en la propia empresa; lo que mejoraría el uso de los recursos y reduciría los costes del transporte para toda la compañía. Aunque la idea era objetivamente buena para Xerox, amenazaba el poder de algunos vicepresidentes de unidad. Y, cuando Clendenin la propuso, la tumbaron.

Sin embargo, poco después, tras un inesperado anuncio del director ejecutivo de que la compañía necesitaba una mejor administración de activos, Clendenin encontró una manera de volver a presentar su propuesta a los vicepresidentes. Como sabía que lo verían como un contrincante, usó la técnica de las 3R.

QUÉ HACER CUANDO FALLAN LAS 3R

La técnica de las 3R es eficaz, pero no te garantiza que desactivarás la resistencia de la otra persona. Entonces, ¿qué hacer si la estrategia no funciona?

Haz un esfuerzo por colaborar de forma indirecta. Por ejemplo, trabaja bien con un tercero en quien tu rival confíe. Un aliado común puede hacer que esa persona vea los beneficios de trabajar contigo.

Recuerda que el tiempo importa. Las personas en posiciones de poder necesitan una razón para interactuar. Este fue efectivamente el caso de John Clendenin en la gestión del inventario de los vicepresidentes de Xerox. Tras el primer rechazo, fue capaz de presentar de nuevo su idea cuando el director ejecutivo pidió una nueva estrategia.

Darse cuenta de cuándo hay que buscar en otra parte. A veces el esfuerzo necesario para revertir una rivalidad es tan grande y las rentabilidades son tan bajas, para ti y para tu empresa, que es mejor que inviertas tus recursos en otra relación.

Su primer paso fue redirigir sus propias emociones negativas: planificó una comida con ellos en la oficina regional y les sirvió él mismo: gesto con el que demostró cierta deferencia. También se presentó no como un individuo haciendo una propuesta, sino como alguien que podía agilizar el cambio organizativo; así desviaba el punto de atención donde se concentraba la tensión de sus rivales. «En medio de todos esos egos y personalidades, nunca dije: "Esta es mi idea"», recuerda Clendenin. «Siempre hablé de "nosotros"».

Aplicando el principio de reciprocidad de «dar antes de pedir», no les pidió nada en la reunión. En cambio, facilitó una discusión sobre la iniciativa dirigida por el director ejecutivo. La gestión de inventarios fue, como era de esperar, un problema citado por muchos de los vicepresidentes, que Clendenin facilitó que saliera a la luz. Entonces pudo asumir el papel de una persona que había destacado un problema genérico, en lugar de alguien que quería limitar la autonomía de los vicepresidentes.

Eso le permitió presentar la racionalidad de su idea original. De repente, al grupo que antes había sido antagónico la propuesta le pareció una oportunidad, en lugar de una amenaza. Clendenin dijo que estaba dispuesto a coordinar un nuevo sistema más barato de lo que cualquier otra persona podría ofrecer en el mercado, aunque también destacó que tal vez no tendría tiempo para implementarlo; lo que aumentó el valor percibido de su oferta. Los vicepresidentes acordaron ejecutar el plan por etapas y que Clendenin lo coordinara. La iniciativa fue desarrollándose poco a poco pero sin parar, y Xerox se ahorró millones de dólares. Y otra cosa importante: la maniobra de Clendenin con sus rivales le posicionó como un negociador en la compañía e incrementó su reputación como alguien capaz de hacer progresar a la organización.

John Clendenin sabía que las rivalidades no ayudan a nadie. De hecho, el éxito a menudo depende no solo de neutralizar a tus enemigos, sino de convertirlos en colaboradores. Usando las 3R para crear confianza, Clendenin se aseguró de que todos en su red prosperaran —incluso él mismo, Gunning, su equipo, los vicepresidentes y Xerox— y sentó las bases de lazos de larga duración y de un éxito compartido. Años más tarde, Clendenin puso en marcha su propia empresa de logística internacional. Su socio en este nuevo esfuerzo fue su viejo rival Tom Gunning, y los inversionistas principales fueron nada menos que los vicepresidentes de la unidad de Xerox que una vez habían rechazado su idea.

BRIAN UZZI

Profesor de liderazgo y cambio organizacional en la cátedra Richard L. Thomas de la Escuela de Negocios Northwestern's Kellogg y es codirector del Northwestern Institute on Complex Systems (NICO).

SHANNON DUNLAP

Periodista y escritora radicada en la ciudad de Nueva York.

Capítulo 20

Cómo tratar con compañeros pasivo-agresivos

Amy Gallo

En una reunión, tu compañero se compromete a hacer algo, pero luego hace lo contrario. Os cruzáis por el pasillo y no te saluda. Te interrumpe en las reuniones. Pero cuando le pides hablar con él sobre esto, repite que no pasa nada, que el problema está en tu cabeza. Es muy frustrante trabajar con alguien que tiene una conducta pasivo-agresiva. ¿Abordas el problema de forma directa? ¿Intentas ignorarlo? ¿Cómo puedes llegar al origen del problema si tu compañero simula que no pasa nada?

Qué dicen los expertos

Es habitual que algunos compañeros hagan comentarios pasivo-agresivos entre sí sobre temas particularmente delicados o cuando creen que no pueden ser directos. «Todos lo hacemos de vez en cuando», dice Amy Su, coautora de *Own the Room: Discover Your Signature Voice to Master Your Leadership Presence*. Pero el comportamiento pasivo-agresivo persistente es un juego distinto. «Son personas que a menudo hacen cualquier cosa para conseguir lo que necesitan, incluso mentir», dice Annie McKee, fundadora del Teleos Leadership Institute y coautora de *Primal Leadership: Unleashing the Power of Emotional Intelligence.* En estos casos, tienes que tomar precauciones concretas que te ayuden y, con suerte, ayuden a que ese compañero haga su trabajo. Aquí tienes algunos consejos:

No te dejes pillar

Cuando tu compañero de trabajo finge que no pasa nada o te acusa de exagerar, es difícil no que no te enfades y te pongas a la defensiva. Pero, McKee dice: «En estas situaciones no puedes usar sus mismas armas». Haz todo lo posible para mantener la calma. «Quizás el otro busca que te enfades para que parezcas tú el culpable, es una forma de liberar su ansiedad», explica Su. «Probablemente, dar una respuesta emocional te hará parecer —y sentirte— como el tonto. Esta es una oportunidad de mostrar que tú eres más fuerte».

Piensa en lo que motiva una conducta concreta

La gente que tiene una conducta pasivo-agresiva de forma habitual no necesariamente es idiota. Puede que no conozca otra forma de comunicarse o que tema los conflictos. McKee dice que este tipo de conducta a menudo es la manera que algunas personas tienen de «expresar sus emociones sin tener que pasar por el auténtico y sano conflicto». También indica un cierto egocentrismo: «Suponen que los demás deben saber lo que están sintiendo y que sus necesidades y preferencias son más importantes que las de los demás», dice Su. Quédate con esto, pero no intentes diagnosticar todos los problemas de tu compañero. «Solo tienes que verlo como lo que es», añade Su, «una expresión improductiva de emociones que podrían compartirse de forma constructiva».

Asume tu parte de responsabilidad

Lo más probable es que no seas del todo inocente de la situación. Pregúntate si alguna de tus conductas contribuye a la dinámica o fomenta que la persona se muestre pasivo-agresiva. «Asume tu parte de responsabilidad», dice Su. Además, piensa si has recurrido al mismo comportamiento que tu rival. «Eso puede pasarles incluso a las mejores personas. Si estamos procrastinando o deseando evitar algo, podemos expresar nuestras emociones de una forma que resulte hiriente a los demás», dice Su.

Concéntrate en el mensaje, no en la forma de comunicarlo

Tal vez sea lo último que te apetezca hacer, pero intenta ver la situación desde la perspectiva de tu compañero. ¿Cuál es la opinión o el punto de vista que está tratando de transmitir con su comentario sarcástico? «Analiza qué está tratando de compartir contigo», dice McKee. «¿Cree que tu forma de ejecutar el proyecto no está funcionando? ¿O no está de acuerdo con las metas del equipo? A algunas personas no les gusta discutir o expresar en público lo que piensan o no saben cómo hacerlo», dice Su. Si puedes centrarte en la preocupación o la pregunta profesional subyacente de esa persona, en lugar de en la forma en que la expresa, entonces podrás abordar el problema real.

Reconoce el problema subyacente

Cuando ya estés tranquilo y seas capaz de entablar una conversación productiva, habla con esa persona. Dile algo como: «Diste un buen argumento en la conversación que tuvimos el otro día. Esto es lo que te oí decir». Tal vez eso le ayude a hablar sobre lo que realmente motiva su preocupación. «Al unirte a esa persona, aumentas tus posibilidades de cambiar la energía», explica McKee. Haz esto de una manera práctica, sin cuestionar cómo expresó sus sentimientos. «No escuches ni des crédito a la parte tóxica», aconseja Su. «A veces, lo único que buscan es que se les escuche».

Escoge bien las palabras

Digas lo que digas, no acuses a la persona de ser pasivo-agresiva. «Eso puede invalidar tus argumentos», dice McKee. Su está de acuerdo: «Es una palabra con unas connotaciones muy negativas, que haría que alguien que ya está a la defensiva se enfade aún más. No etiquetes ni juzgues a la otra persona». En su lugar, McKee sugiere que le expliques el efecto de algunas de las interacciones anteriores y el impacto que están teniendo en ti, y quizás en otros. Si es posible, muéstrale que su comportamiento está perjudicando algún aspecto importante para el otro, como lograr los objetivos del equipo.

Apóyate en otras personas

No tienes que lidiar solo con esta situación. «Es una buena idea comentar lo que está ocurriendo con otras personas y tener aliados en el lugar de trabajo que puedan afirmar que no estás perdiendo los papeles», dice Su. Pero asegúrate de poner en contexto tus discusiones, intentando mejorar de forma constructiva la relación, para que la conversación no se convierta en un simple chismorreo o en una crítica de tu compañero. Su sugiere que digas algo como: «Me gustaría saber qué te pareció el comentario de Susan. ¿Cómo lo interpretaste?».

Establece pautas para todos

También puedes recurrir a la ayuda de otros para llegar a una solución a largo plazo. «Como equipo, podéis establecer normas positivas», dice

McKee. Podéis acordar abordar las frustraciones de forma más directa y establecer un modelo de interacciones directas y sinceras. También puedes hacer que se asuman responsabilidades públicamente. Si un compañero conflictivo tiende a ignorar los acuerdos tomados, puedes anotar en las reuniones quién debe hacer qué y cuándo, para que los elementos de acción estén claros. Es probable que los peores infractores cedan ante la presión positiva de sus compañeros y la responsabilidad pública.

En situaciones extremas, busca ayuda

Cuando un colega intenta desautorizarte o impedir que hagas tu trabajo, y cuentas con observadores externos que dan crédito a tu perspectiva de la situación, es posible que tengas que ir más lejos. «Si tenéis al mismo gerente, quizás puedas pedirle ayuda», dice McKee. Puedes decirle a tu jefe: «Muchos de nosotros hemos notado un comportamiento particular y quiero hablar de cómo eso está afectando a mi organización del trabajo». Pero advierte: «Da ese paso con cuidado. Puede que la otra persona haya engañado a tu gerente y tal vez este no perciba los comportamientos que tu explicas, o puede que le cueste afrontar los conflictos y no quiera verlo».

Protégete

«Si tu trabajo y el de tu compañero conflictivo son interdependientes, asegúrate de cumplir con tus compromisos y tus plazos», dice Su. «Copia a otros en correos electrónicos importantes. No dejes que esa persona hable por ti o que te represente en reuniones. Después de una reunión, documenta los acuerdos y los próximos pasos». McKee también sugiere mantener registros: «Haz un seguimiento de las conductas específicas para tener ejemplos si es necesario. Es difícil contradecir los hechos». También recomienda que trates de evitar trabajar con esa persona y «que mantengas el mínimo contacto. Si tienes que trabajar en equipo con tu compañero, hazlo dentro de un grupo, donde es probable que tenga un mejor comportamiento. Probablemente, no podrás romper sus hábitos pasivo-agresivos, pero podrás controlar tu reacción ante cualquier incidente».

Algunos principios para recordar

Qué debes hacer

- Entender por qué una persona suele actuar de este modo: probablemente, sus necesidades no se estén satisfaciendo.
- Céntrate en el mensaje que tu compañero está tratando de comunicar, aunque la forma de hacerlo sea incorrecta.
- Distánciate y plantéate si, en cierto modo, estás contribuyendo al problema.

Qué debes evitar

- Perder los papeles: aborda el problema profesional subyacente con calma y sentido práctico.
- Acusar a la persona de conducta pasivo-agresiva, eso solo incrementará su enojo.
- Creer que puedes cambiar la conducta de tu compañero.

Estudio de caso 1: Hacer responsable a tu compañero delante de los otros

Uno de los compañeros de trabajo de Neda Khosla —se han cambiado los nombres y los datos—, en la oficina de orientación estudiantil de la escuela secundaria pública donde trabajaba, estaba haciéndole las cosas difíciles. «Estaba de acuerdo con un plan en una reunión, pero luego lo saboteaba», explica. Su colega, Gareth, se defendía diciendo cosas como: «No es así como lo recuerdo», o «Creía que no habíamos acabado el plan». Ella intentó hablar de estos «malentendidos» con él, pero siempre se encogía de hombros: «Decía que estaba ocupado o que no tenía tiempo para hablar», recuerda ella.

Cuando Neda le dijo a Jim, su jefe y el de Gareth, que un proyecto en el que trabajaban no se había terminado debido a esta extraña dinámica, Jim coincidió en que se había dado cuenta de ese patrón de Gareth. Juntos idearon un plan para hacerle públicamente responsable. «Acordamos que pediría públicamente que un voluntario tomara notas en cada reunión documentando quién sería responsable de llevar a cabo cada tarea y cuándo», recuerda Neda. Ella fue la primera voluntaria.

La estrategia funcionó. Después de que Neda enviara la lista de tareas, Gareth no podía poner ninguna excusa. Era responsable ante todos los que habían asistido a las reuniones. Y a Neda no le importó el trabajo adicional que eso comportaba: «El esfuerzo extra que dediqué fue menor que el tiempo que pasé echando chispas por el comportamiento mi compañero de trabajo y corriendo para acabar lo que él no hacía. Realmente, ayudó a que todo el departamento fuera más productivo. Es algo que deberíamos haber hecho hace mucho tiempo».

Estudio de caso 2: Conseguir ayuda cuanto antes

James Armstrong, consultor de marketing digital de Roman Blinds Direct, dirigía a un equipo de ocho personas en una agencia de marketing digital. Había sido promocionado tres meses después de que una de sus subordinadas directas, Violet, se incorporara a la agencia. Ella no estaba nada emocionada con su promoción. Pero «era una excelente empleada y extremadamente competente», recuerda James. Y, puesto que habían trabajado «bastante armoniosamente como compañeros», estaba contento de contar con ella en el grupo.

Por desgracia, empezó a ser muy difícil dirigir a Violet. No se comunicaba con él a menos que fuera absolutamente necesario. No participaba activamente en las sesiones de capacitación que él ofrecía. Y encontraba problemas a todas sus iniciativas. «Aprovechó todas las oportunidades que pudo para dejar claro que no valoraba mis puntos de vista», explica.

Sorprendido y consternado por su actitud, decidió abordar el problema de la misma forma que habría hecho con cualquier otro miembro del equipo: «de forma directa y clara». Comenzó preguntándole en sus reuniones individuales si había algún problema. Ella dijo que no, pero persistió en su conducta; así que fue a tomar un café con ella para preguntarle si le había ofendido sin saberlo o si quería que la dirigiera de una manera distinta. Reconoció que había una incompatibilidad de caracteres, pero la conversación acabó ahí, y ella siguió tratándolo desdeñosamente en la oficina. Por otros compañeros se enteró de que incluso le había llamado «vago e inútil».

«Lo último que quería era elevar el asunto a instancias superiores y que existiera el riesgo de perjudicar la carrera de Violet», dice. Después de todo, era un miembro valioso del equipo y quería protegerla. Pero, reflexiona: «Debería haber hablado de esto enseguida con mi jefe». Cuando finalmente lo hizo, ella dijo que su incapacidad para dirigir eficazmente a un miembro clave del equipo la había llevado a un mal desempeño.

Al cabo de un año, tanto James como Violet abandonaron voluntariamente la agencia, pero ninguno de los dos estaba satisfecho con las circunstancias. Él cree que, si se encontrara de nuevo en la misma situación, hablaría antes con su jefe, mantendría mejores registros sobre la «actitud tóxica» de Violet y, si ella no hubiera mejorado de forma evidente, la habría despedido «sin duda alguna».

Amy Gallo

Editora colaboradora de *Harvard Business* Review y autora de la *HBR Guide to Dealing with Conflict.* Está especializada en dinámicas en el lugar de trabajo. Puedes seguirla en Twitter en la cuenta @amyegallo.

Capítulo 21

Qué hacer si eres un *toxic handler*

Sandra L. Robinson y Kira Schabram

Divani (nombre ficticio) es analista en una gran compañía de telecomunicaciones. Se describe a sí misma como la persona que siempre anima a los demás en su departamento. Dice: «Siempre he sido una de esas personas a las que los demás acuden en busca de ayuda. Soy muy buena escuchando y me gusta hacerlo, me gusta ayudar». Pero el año antes de que yo hablara con ella, su compañía había puesto en marcha un gran cambio: «Yo ya tenía mucho trabajo, y eran muchos los compañeros a los que respaldaba, para los procedimientos, en busca de empatía o de consejo. Era difícil cumplir mis plazos y también estar disponible para ellos. Me estaba ahogando en el estrés y el agotamiento». Me explicó que se sentía deprimida los domingos por la noche, cada vez más enojada y escéptica, y que tenía problemas para dormir porque no podía «dejar de pensar». Volvió a fumar después de haberlo dejado durante cuatro años y empezó a perder su hábito de hacer ejercicio físico.

Divani es lo que el exprofesor de la Escuela de Negocios Sauder Peter Frost y una de nosotras (Sandra) han denominado «toxic handlers» o «mediadores tóxicos», alguien que carga voluntariamente con la tristeza, la frustración, la amargura y la ira endémicas de la vida organizacional. Es posible encontrar a *toxic handlers* en todos los niveles de la organización; en particular, como miembros de grupos diversos. Y no están de ninguna manera limitados a los papeles de gerencia. Su trabajo es difícil y crítico, y a menudo no está reconocido. Mantienen la positividad y la productividad de las organizaciones, incluso mientras los individuos que forman parte de ellas necesariamente chocan y luchan. Escuchan las confidencias de los demás, sugieren soluciones a los problemas interpersonales, trabajan entre bastidores para evitar el dolor y reformulan mensajes difíciles de procesar bajo una luz constructiva. Los mediadores tóxicos absorben la negatividad de la vida cotidiana y permiten que los empleados se enfoquen en el trabajo constructivo.

No es un trabajo fácil. Y, como revelan las investigaciones que Sandra y Peter Frost han realizado de más de setenta *toxic handlers* —o de quienes les supervisaron—, los individuos en estos roles con frecuencia sufren elevados niveles de estrés y tensión. Esto acaba afectando a su salud física y a sus trayectorias profesionales, y a menudo a largo plazo les supone una mengua de su capacidad para ayudar a los otros. Este es un efecto secundario aún más preocupante para quienes tienen mayores responsabilidades.

Pero, si estos gerentes reconocen que están cumpliendo un papel que es tan valioso como molesto, verán su propia competencia emocional desde una nueva perspectiva y reconocerán los signos de tensión grave cuando aún sea posible hacer algo al respecto.

¿Cómo saber si eres un *toxic handler*? Para averiguarlo debes plantearte algunas preguntas:

- ¿Trabajas en una organización caracterizada por numerosos cambios, disfunciones o políticas?
- ¿Abarca tu función a grupos o niveles diferentes?
- ¿Pasas mucho tiempo escuchando a tus compañeros de trabajo y ofreciéndoles consejo?

- ¿Vienen las personas a descargar sus preocupaciones, emociones, secretos o problemas en el lugar de trabajo?
- ¿Tienes dificultades para decir «no» a tus compañeros, especialmente cuando te necesitan?
- ¿Pasas tiempo entre bastidores, manejando la política e influyendo en las decisiones para que otros estén protegidos?
- ¿Medias en la comunicación entre un individuo tóxico y otros?
- ¿Eres de esas personas que se sienten obligadas a defender a las personas que necesitan ayuda en el trabajo?
- ¿Te consideras un consejero, un mediador o un pacificador?

Si has respondido «sí» a cuatro o más de estas preguntas, es posible que seas un *toxic handler*. Antes de que esa etiqueta te inquiete, piensa que este rol tiene dos aspectos positivos y dos negativos. En el lado positivo, ser un mediador tóxico significa que probablemente cuentas con valiosos recursos emocionales: eres un buen escuchador, empático, sugieres soluciones en lugar de amontonar los problemas. Las personas a tu alrededor valoran el apoyo les das. Es importante, también, entender que este papel es crítico desde un punto de vista estratégico para las organizaciones. Probablemente, distiendes situaciones difíciles y reduces las disfunciones.

Ahora las malas noticias. Lo más probable es que estés asumiendo más trabajo del que se establece en la descripción formal de tu trabajo —y, de hecho, como héroe anónimo, no puedes obtener ningún crédito formal de la organización por estos esfuerzos y por lo que aportan a la misma—. Escuchar, mediar y trabajar de forma anónima para proteger a otros resta un tiempo muy valioso a tus otras responsabilidades. Y lo que es más importante: también requiere una tremenda energía emocional para escuchar, consolar y aconsejar a los demás. Como no tienes la formación de un terapeuta, sin darte cuenta puedes hacer tuyo el dolor de los demás y, poco a poco, pagar un precio por ello. La investigación que ha realizado Sandra muestra que los *toxic handler* tienden a asumir las emociones de los demás pero no tienen manera de liberarlas. Es probable que, como persona que está constantemente ayudando a los demás, no busques apoyo para ti mismo. Por último, este papel puede ser parte de tu identidad, algo que te llena, que te aporta satisfacción y que, por lo tanto, es difícil abandonarlo.

Pensemos en el caso de Sheung-Li (nombre ficticio). Su manager era una estrella con un gran historial, pero creó una confusión considerable en el equipo. No se tomaba el tiempo necesario para conocer a nadie en persona y menospreciaba a los miembros más jóvenes del equipo. Además, estaba obsesionado con alcanzar altas metas de rendimiento que parecían surgir de la nada. «Mi papel principal pasó a ser proteger a mi equipo, tranquilizarlos, mantenerlos enfocados en nuestros objetivos y lejos de las tensiones que esta persona creaba continuamente», explica Sheung-Li. «Invertí una cantidad excesiva de tiempo para matizar los mensajes del nuevo manager, tratando de convencerle de que reconsiderara sus decisiones para evitar las consecuencias obvias que traerían, haciendo de mediador cuando nuestro equipo no estaba entregado. Sentía que estaba tratando de mantenerme a flote todo el tiempo. Y ni siquiera estoy seguro de haber protegido a mi equipo del dolor que esta persona estaba causando. Había dejado de dormir por lo que estaba pasando, había perdido peso y estaba empezando a enfermar y a cometer un error detrás de otro. No sé si esa fue la causa, pero sé que este fue un momento muy difícil en mi vida. Era difícil concentrarse en otra cosa».

Si las historias de Sheung-Li y Divani te resultan familiares, ¿cómo puedes seguir ayudando a tus colegas y a tu empresa a la vez que te proteges a ti mismo? ¿Cómo puedes seguir desempeñando este valioso papel de forma *sostenible*?

Comienza por evaluar si realmente te compensa asumir este papel. Algunos *toxic handler* son capaces de hacerse cargo de este rol de forma más natural que otros. Necesitas saber lo que es bueno para ti en cada momento. Busca pruebas de estrés y agotamiento: síntomas físicos como insomnio, dolor de mandíbula y disfunción temporomandibular, palpitaciones cardíacas, una frecuencia de enfermedades mayor de lo habitual. ¿Te enfadas con más facilidad que antes?, ¿eres incapaz de concentrarte? A veces, estos síntomas pueden aparecer sin que los percibas, por eso resulta útil que preguntes a otros si han notado algo distinto en ti. En cambio, si no estás experimentando estrés, no hay nada que necesites cambiar, aparte de ser consciente y estar pendiente de ello. Solo tienes que dejar de ser un *toxic handler* si realmente te está perjudicando. En ese caso, esto es lo que debes hacer:

Reduce los síntomas del estrés

Recurre a los métodos que funcionan: la meditación, el ejercicio, dormir suficiente y alimentarte de forma saludable. Los *toxic handler* tienen problemas para hacer cosas para sí mismos; así que piensa que, al cuidarte, estás ayudando a tus colegas. Durante tus meditaciones o tu práctica de yoga, pon a tus compañeros en tu intención.

Escoge tus batallas

Es difícil saber dónde tendrán más impacto tus acciones si te implicas emocionalmente en cada problema, pero es un ejercicio que te permitirá ser más útil donde realmente puedas marcar una diferencia. ¿Quién estará bien sin necesidad de que le prestes tu ayuda? ¿En qué situaciones no has podido hacer un cambio positivo, a pesar de haberte esforzado al máximo? Mantente alejado de estas interacciones.

Aprende a decir «no»

Es difícil decir «no» a cosas que quieres hacer, pero también es importante hacerlo. Aquí tienes algunas formas decir «no» al mismo tiempo que ofreces ayuda:

- Transmite empatía. Deja claro que sientes el dolor de tu compañero, no estás negando su legítima respuesta emocional a la situación.
- Dile que en este momento no puedes ayudarle. Si te sientes incómodo haciéndolo, explícale tus razones.
- Considera fuentes alternativas de ayuda. Remite a tu compañero a otra persona de la organización o a alguien que esté pasando por una experiencia similar, para que puedan proporcionarse apoyo mutuo. Sugiérele un artículo, un libro u otro recurso sobre el tema —por ejemplo, algo relacionado con la gestión del conflicto o el manejo de la política de la empresa—. O, si sabes por experiencia que la persona es buena llegando a soluciones creativas, anímale a que lo haga.

Libérate de la culpa

Si te sientes culpable de no estar ayudando a alguien, he aquí algunas ideas que pueden resultarte útiles:

- Reconoce que, a menudo, los conflictos se resuelven mejor cuando las partes afectadas se involucran directamente en la solución. Si siempre ayudas a los otros cuando se ven inmersos en un conflicto, no fomentas que adquieran las habilidades y herramientas que necesitan para tener éxito.

- Cuestiónate si de verdad eres la única persona que puede ayudar en una determinada situación. Pide a otros compañeros de confianza en la organización que te ayuden a planteártelo, puede ser una forma de reducir esa responsabilidad que sientes.
- Recuerda que tu capacidad es limitada: decir «sí» a una persona más significa necesariamente que aceptas hacer menos por las personas y los proyectos con los que ya te has comprometido.

Forma una comunidad

Busca a otros *toxic handler* a quienes recurrir para obtener apoyo: podrían ser personas que desempeñen papeles similares en tu organización u otros miembros del equipo a los que veas lidiar con las consecuencias del propio jefe tóxico. También puedes identificar a un amigo con quien desahogarte o crear un grupo más formal que se reúna regularmente para compartir experiencias. Esta es una opción particularmente buena si todo tu equipo u organización están viviendo momentos de agitación y sabes que hay otros afrontando las mismas dificultades. No permitas que estos encuentros se conviertan en sesiones repetitivas de desahogo y trata de dirigir la conversación hacia la resolución creativa de problemas y el consejo.

Tómate descansos

Pueden ser descansos tan breves o tan generosos como necesites. Divani empezó a trabajar con la puerta cerrada, cosa que nunca había hecho antes. «Me sentí fatal, como si estuviera abandonando a los compañeros que me necesitaban. Pero, si hubiera perdido mi empleo, no habría sido muy útil para nadie», explicó. Piensa en la posibilidad de tomarte un día de descanso mental fuera del trabajo o en planear unas buenas vacaciones. En situaciones más dramáticas, también puedes considerar un cambio de puesto temporal. Los trabajos que requieren mediar entre varios equipos o grupos tienden a implicar dinámicas encendidas, por lo que es más probable que obtengas el respiro que necesitas si puedes alejarte de tu puesto habitual durante un tiempo.

Sin embargo, no es necesario que esos descansos sean permanentes. «Las cosas se han calmado en el trabajo», dice Divani. «Y creo que he vuelto a ser la persona a quien la gente acude en busca de apoyo emocional, pero en este momento me resulta del todo factible hacerlo».

Cambia de puesto

Si nada de lo que hagas provoca un cambio, tu mejor opción puede ser irte. Sheung-Li explica: «Después de dos años de vivir esta situación tóxica, y gracias al estímulo de mi esposa, fui a un terapeuta. Entonces me quedó claro que la realidad de este trabajo no iba a cambiar, que ser un *toxic handler* no me llevaba a ninguna parte, que el estrés me comía vivo y que era yo el que necesitaba cambiar. He hecho un montón de cosas, pero creo que lo más importante fue que terminé cambiando de departamento para escapar de este papel y proteger mi bienestar a largo plazo. Fue la mejor decisión que pude tomar».

Valora la posibilidad de recurrir a la psicoterapia

Puede parecer dramático, pero para Sheung-Li el hablar con un psicoterapeuta le resultó muy útil. Un psicólogo puede ayudarte a identificar el agotamiento, a manejar tus síntomas de estrés, a aprender a decir «no» y a trabajar el sentimiento de culpa. Además de ayudarte a que te protejas de las consecuencias emocionales de ser un *toxic handler*, también puede ayudarte a que desempeñes tu papel. Los psicólogos clínicos están formados para escuchar con empatía, sin hacer suyas las emociones de sus clientes. Por eso pueden ayudarte a desarrollar las habilidades que necesitas para apoyar a los demás sin absorber la carga emocional que ello conlleva.

Por último, hay algunas acciones que te sugerimos evitar. Aunque aparentemente sean buenas soluciones, a menudo no son tan útiles como te parece.

No te desahogues sin más

Aunque es bueno deshacerse de las emociones —la catarsis puede reducir la agresión—, desahogarte excesivamente puede aumentar tus niveles de estrés. Lo que quieres es seguir adelante, en lugar de obsesionarte con los problemas. Y esto es así tanto para ti como para los que confían en ti. Cuando la gente venga a buscarte para desahogarse, piensa en decir algo así como: «Te escucho. ¿Qué tal si pensamos en lo que podemos cambiar para que esto mejore?».

No acudas a tu superior o a recursos humanos

Lamentablemente, el papel del *toxic handler* a menudo es poco reconocido y poco valorado en las organizaciones, a pesar de su enorme valor. Esto significa que, mientras que tu jefe quiera ayudarte, en muchas culturas organizacionales esto puede ser arriesgado para él. Del mismo modo, es poco probable que haya muchas empresas dispuestas a intervenir en una situación tóxica en nombre del gerente.

Sin embargo, los *toxic handler* son fundamentales para el bienestar emocional de las organizaciones y de las personas que las componen.

Si eres uno de ellos, aprende a monitorizar tú mismo los signos de fatiga emocional o física y a saber cómo alejarte cuando lo necesites para poder seguir haciendo lo que mejor sabes hacer.

SANDRA L. ROBINSON

Profesora de conducta organizacional en la Escuela de Negocios Sauder de la Universidad de Columbia Británica.

KIRA SCHABRAM

Profesora asistente de conducta organizacional en la Escuela de Negocios Foster de la Universidad de Washington.

Parte seis

Entender la empatía

Capítulo 22

¿Qué es la empatía?

Daniel Goleman

La palabra «atención» procede del latín *attendere*, que significa «estirarse hacia». Define a la perfección lo que es centrarse en los otros: una actitud que constituye la base de la empatía y de la habilidad de construir relaciones sociales, el segundo y el tercer pilar de la inteligencia emocional —el primero es tener conciencia de uno mismo—.

Es fácil reconocer a los ejecutivos que pueden centrarse en los otros de forma eficaz. Son los que encuentran puntos en común con los demás, cuyas opiniones tienen más peso y con los que todos quieren trabajar. Son líderes naturales, con independencia de su nivel en la sociedad o en una organización.

La tríada de la empatía

Lo más frecuente al hablar de empatía es considerarla un atributo único. Pero, si observamos con más detenimiento en qué se fijan los líderes cuando están centrados en los demás, veremos tres tipos de empatía; todos ellos, importantes para un liderazgo eficaz:

- **Empatía cognitiva:** la capacidad de entender la perspectiva de la otra persona.

- **Empatía emocional:** la capacidad de sentir lo que otra persona siente.
- **Interés empático:** la capacidad de entender lo que otra persona necesita de ti.

La *empatía cognitiva* permite a los líderes comunicarse de formas que tienen sentido para los demás, una habilidad esencial para lograr el mejor rendimiento de sus subordinados directos. Contrariamente a lo que podría esperarse, aplicar la empatía cognitiva requiere que los líderes piensen sobre los sentimientos, en lugar de sentirlos directamente.

La empatía cognitiva procede de una naturaleza inquisitiva. Como decía un próspero ejecutivo con este rasgo: «Siempre he querido aprenderlo todo, entender a todos los que tenía a mi alrededor, por qué pensaban como pensaban, por qué hacían lo que hacían, qué estaba bien para ellos y qué estaba mal». Pero la empatía cognitiva también procede de la conciencia de uno mismo. Nuestro cerebro cuenta con circuitos ejecutivos que se activan cuando reflexionamos sobre nuestros propios pensamientos. Con estos circuitos podemos monitorizar los sentimientos que surgen de ellos. A la vez, nos permiten aplicar el mismo razonamiento a las mentes de otras personas cuando dirigimos nuestra atención de ese modo.

La *empatía emocional* es importante para la mentorización eficaz, la gestión de clientes y para entender las dinámicas de grupo. Se origina en antiguas partes del cerebro entre el córtex (la amígdala, el hipotálamo, el hipocampo y el córtex orbitofrontal) que nos permiten sentir rápido sin pensar en profundidad. Nos sintonizan con los demás evocando en nuestro cuerpo sus estados emocionales: literalmente, siento tu dolor. Los patrones de mi cerebro coinciden con los tuyos cuando te escucho explicar una historia que me fascina. Como dice Tania Singer, directora del Departamento de Neurociencia Social del Instituto Max Planck de Ciencias Cognitivas y del Cerebro, en Leipzig (Alemania):

«Necesitas entender tus propios sentimientos para entender los de los demás». Para acceder a tu capacidad para la empatía emocional debes combinar dos tipos de atención: un foco deliberado en tu propio reflejo de los sentimientos de otra persona y una conciencia abierta de la cara, la voz y otros signos visibles de emoción de esa persona (véase «Cuando la empatía se tiene que aprender»).

CUANDO LA EMPATÍA SE TIENE QUE APRENDER

La empatía emocional puede desarrollarse. O al menos, esta es la conclusión de la investigación realizada por Helen Riess, directora del Programa de Empatía y Ciencia Relacional del Boston's Massachusetts General Hospital, en la que los participantes eran médicos. Para ayudarles a observar sus interacciones con los pacientes, Riess inició un programa en el que podían aprender a concentrarse usando una respiración diafragmática profunda y a cultivar cierto desapego, observando sus interacciones desde el techo, por así decirlo, en lugar de dejarse perder en sus propios pensamientos y sentimientos. «Suspender tu propia implicación para observar lo que está ocurriendo te proporciona una conciencia atenta de la interacción sin que reacciones automáticamente del todo a las situaciones», dice Riess. «Eres capaz de ver si tu propia psicología está cargada o equilibrada. Puedes percibir lo que revela la situación». Si un médico se da cuenta de que se siente molesto, por ejemplo, esa puede ser una señal de que el paciente también lo está».

Los que se sienten completamente perdidos en la situación pueden mostrar empatía emocional esencialmente fingiéndola hasta que aparezca, añade Riess. Si actúas de forma solícita, mirando a la gente a los ojos y prestando atención a sus expresiones, incluso cuando no tienes un especial deseo de hacerlo, puedes empezar a sentirte más implicado.

El *interés empático*, que está estrechamente relacionado con la empatía emocional, te permite algo más que sentir lo que sienten los demás: puedes saber qué quieren de ti. Es lo que esperas que haga tu médico, tu esposa o tu jefe. El interés empático tiene su origen en la misma circuitería cerebral que incita a los padres a que presten atención a sus hijos. Fíjate adónde se dirigen los ojos de la gente cuando alguien llega a una sala con un precioso bebé, y verás cómo se pone en acción este mamífero centro cerebral.

Las investigaciones sugieren que, a medida que la gente asciende de nivel, su capacidad para mantener relaciones personales resulta afectada.

Una teoría neuronal mantiene que la respuesta se desencadena en la amígdala, el radar del cerebro encargado de detectar el peligro, y en el córtex prefrontal, por la liberación de oxitocina, la sustancia química del afecto. Esto quiere decir que el interés empático es un sentimiento de doble filo. De forma intuitiva, sentimos la aflicción del otro como propia. Pero, para decidir si responderemos a las necesidades de esa persona, sopesamos de forma calculada cuánto valoramos su bienestar.

Entender bien esta mezcla de deliberación e intuición tiene profundas implicaciones. Aquellos en quienes los sentimientos empáticos alcanzan demasiada intensidad pueden llegan a sufrir. En las profesiones de ayuda, esta situación lleva a la fatiga por compasión; en los ejecutivos, puede crear sentimientos distractores de ansiedad respecto a personas y circunstancias que están fuera de nuestro control. Pero quienes se protegen a sí mismos sofocando sus sentimientos corren el riesgo de perder el contacto mediante la empatía. El interés empático pide que gestionemos nuestra propia aflicción sin insensibilizarnos al dolor de los otros (véase «Cuando necesitamos controlar la empatía»).

CUÁNDO NECESITAMOS CONTROLAR LA EMPATÍA

Entender cómo podemos lidiar con nuestro impulso de empatizar con los sentimientos de otras personas nos será útil para tomar mejores decisiones cuando el flujo emocional de otros amenaza con superarnos.

Generalmente, cuando vemos que a alguien le pinchan con un alfiler, nuestro cerebro emite una señal indicando que nuestros propios centros del dolor están reflejando ese malestar. Pero en la Universidad de Medicina, los futuros médicos aprenden a bloquear esas respuestas automáticas. Su anestesia atencional parece originarse en la unión temporoparietal y en regiones del córtex prefrontal, un circuito que estimula la concentración y desconecta de las emociones. Eso es lo que ocurre en tu cerebro cuando te distancias de los otros para poder estar calmado y ayudarles. Esa es la misma red neuronal que se activa cuando identificamos un problema en un entorno exaltado y necesitamos centrarnos en encontrar una solución. Si estás hablando con una persona enfadada, este sistema te ayuda a entender la perspectiva de esa persona intelectualmente, y que se cambia de una empatía emocional de corazón a corazón a una empatía cognitiva de cabeza a corazón.

Más aún, algunas investigaciones de laboratorio sugieren que aplicar de forma adecuada el interés empático es fundamental para realizar juicios morales. Los escáneres cerebrales han revelado que, cuando los participantes en un estudio escucharon los relatos de personas que habían sufrido dolor físico, sus propios centros cerebrales del dolor se iluminaron al momento tiempo en el escáner. Pero, si la historia que se les relataba hablaba de sufrimiento psicológico, los centros cerebrales superiores implicados en el interés empático y la compasión tardaron más tiempo en activarse. Parece ser que hace falta más tiempo para entender las dimensiones psicológicas y morales de una situación. Cuando más distraídos estamos, menos podemos cultivar las formas más sutiles de la empatía y la compasión.

Daniel Goleman

Codirector del *Consortium for Research on Emotional Intelligence on Organizations* en la Universidad Rutgers, coautor de *Primal Leadership: Leading with Emotional Intelligence* (Harvard Business Review Press, 2013) y autor de *El cerebro y la inteligencia emocional y Leadership: Selected Writings* (More than Sound, 2011). Su último libro es *La fuerza de la compasión: La enseñanza del Dalai Lama para nuestro mundo.*

Andrea Ovans

Antigua editora sénior de Harvard Business Review.

Capítulo 23

Más allá de la empatía: el poder de la compasión

ANDREA OVANS entrevista a DANIEL GOLEMAN

Dos décadas antes de que Daniel Goleman escribiera por primera vez sobre inteligencia emocional en las páginas de HBR, conoció al Dalai Lama en el Amherst College. El líder espiritual habló al entonces joven periodista científico del *New York Times* sobre su interés por reunirse con científicos. Fue el comienzo de una larga y fecunda amistad; ya que Goleman, a lo largo de los años, se fue implicando en la organización de una serie de lo que él llama «diálogos extensos» entre el líder espiritual budista e investigadores de campos que van desde la ecología a la neurociencia. Transcurridos treinta años, en los que Goleman se ha dedicado a su labor de pensador en temas de psicología y negocios, su opinión sobre la figura del Dalai Lama es la de un líder realmente inusual. Y no es de extrañar que se sintiera complacido cuando, con ocasión del octogésimo aniversario de su amigo, le pidieran escribir un libro que describiera el enfoque compasivo de su amigo para afrontar los problemas más difíciles del mundo. El libro se publicó en junio de 2015; el título de la edición española es *La fuerza de la compasión: La enseñanza del Dalai Lama para nuestro mundo*,[1] y se inspira tanto en los

1 Goleman, D. *La fuerza de la compasión: La enseñanza del Dalai Lama para nuestro mundo* (Barcelona: Kairós, 2015).

conocimientos de Goleman sobre la ciencia cognitiva como en su dilatada relación con el gran líder del budismo tibetano. Y sus contenidos son a la vez una exploración de la ciencia y el poder de la compasión como una llamada a la acción. Interesada por el libro y por conocer cómo la visión del Dalai Lama sobre la compasión conforma el pensamiento de Goleman sobre la inteligencia emocional, hablé con el escritor por teléfono. Lo que sigue son extractos editados de nuestra conversación.

HBR: Empecemos con algunas definiciones. ¿Qué es la compasión, según tu punto de vista? Parece algo muy similar a la empatía, uno de los principales componentes de la inteligencia emocional. ¿Hay alguna diferencia entre empatía y compasión?

Goleman: Sí, hay una diferencia importante. Hay tres tipos de empatía claves para la inteligencia emocional: la *empatía cognitiva* es la capacidad para entender el punto de vista de la otra persona; la *empatía emocional* te permite sentir lo que la otra persona siente, y gracias al *interés empático* percibes lo que otra persona necesita de ti (véase el capítulo 20, «¿Qué es la empatía?»). Cultivar los tres tipos de empatía, que se originan en distintas partes del cerebro, es importante para construir relaciones sociales.

Pero la compasión lleva la empatía un paso más allá. Cuando sientes compasión, sientes aflicción al ser testigo de la aflicción de otra persona, y por esta razón quieres ayudarla.

¿Por qué haces esta distinción?

Dicho de forma sencilla, la compasión es la diferencia que hay entre comprender y cuidar. Es el tipo de amor que un padre siente por su hijo. Cultivarla de forma más amplia significa extender eso a las otras personas de nuestras vidas y a aquellas con quienes nos encontramos.

Creo que en el lugar de trabajo, esa actitud tiene un impacto tremendamente positivo, tanto si la aplicamos a la forma de relacionarnos con nuestros compañeros, a cómo actuamos como líder o a cómo nos relacionamos con nuestros clientes y con los consumidores. Una actitud positiva hacia otra persona crea el tipo de resonancia que hace crecer la confianza y la lealtad, y hace que las relaciones humanas sean armoniosas. Y lo contrario, cuando no haces nada para demostrar tu interés, crea desconfianza y falta de armonía y causa una gran alteración en el hogar y en los negocios.

Dicho así, es difícil no estar de acuerdo en que, si tratas bien a la gente, las cosas irán mejor que si no lo haces, o en que si te preocupas por ellos, ellos también lo harán por ti. Entonces, ¿por qué crees que eso no ocurre de una forma natural? ¿Es algo cultural? ¿O se trata de una confusión sobre cuándo es adecuado competir?

Creo que demasiado a menudo la gente cree, de forma equivocada, que si te comportas bien con otra persona o tienes un interés sincero en ella, quiere decir que no tienes presentes tus propios intereses. La distorsión de esa idea es: «Bueno, me preocuparé de mí y no de la otra persona». Y eso, por supuesto, es el tipo de actitud que lleva a montones de problemas en el área de los negocios y en la personal. Pero hay que pensar que la compasión te incluye también a ti mismo. Si nos protegemos a nosotros mismos y nos aseguramos de estar bien —y también tratamos de que la otra persona esté bien—, creamos un contexto diferente para trabajar y cooperar con los demás.

¿Puedes darme un ejemplo de cómo podemos aplicar eso al mundo de los negocios?

Algunas investigaciones realizadas en vendedores estrella y en los directores de servicio al cliente han descubierto que el nivel más bajo de rendimiento de los vendedores se subyacía cuando tenían una actitud del estilo «voy a conseguir el mejor acuerdo que pueda y no me importa cómo eso afecte a la otra persona», que significa que puedes cerrar la venta pero pierdes la relación. En el extremo opuesto, los vendedores estrella se distinguían por la actitud de «estoy trabajando para el cliente y para mí. Voy a ser completamente sincero con él y voy a actuar como su asesor. Si el acuerdo que tengo no es el mejor que puede conseguir, voy a decírselo porque eso fortalecerá la relación, incluso aunque yo pierda esta venta en particular». Y creo que eso refleja la diferencia entre el «yo primero» y el «vamos a hacerlo bien».

¿Cómo se puede cultivar compasión cuando no la sientes?

Algunos neurocientíficos han estudiado la compasión recientemente, y en lugares como Stanford, Yale, la Universidad de California en Berkeley y la Universidad de Wisconsin (Madison), entre otros, han estado probando métodos para aumentar la compasión. Ahora mismo hay una especie de tendencia a incorporar el *mindfulness* en el lugar de trabajo, y resulta que hay datos del Instituto Max Planck que muestran que la práctica del *mindfulness* efectivamente afecta a la función del cerebro, pero la circuitería cerebral afectada no es la del interés o la compasión. Dicho de otro modo, no hay un potenciador automático de la compasión que venga solo del *mindfulness*.

Sin embargo, en los métodos tradicionales de meditación en los que se basa el *mindfulness* que se practica en los lugares de trabajo, los dos conceptos están vinculados; de modo que practicas *mindfulness* en un contexto en el que también cultivas la compasión.

Stanford, por ejemplo, ha desarrollado un programa que incorpora versiones secularizadas de métodos que proceden de prácticas religiosas. Incluye una meditación en la que cultivas una actitud de amabilidad amorosa, de interés o compasión hacia las personas. Primero, haces esto para ti; luego, para la gente a la que quieres; después, para la gente a quien solo conoces. Y, finalmente, lo haces para todo el mundo. Con esto se logra el efecto de preparar los circuitos cerebrales responsables de la compasión para que estés más inclinado a aplicarla cuando surja la oportunidad.

Has comentado que el Dalai Lama es un tipo de líder muy especial. ¿Hay algo que como líderes podamos aprender de su singular forma de liderazgo?

Observándole a través de los años, cuando escribía este libro, para el que lo entrevisté extensamente, y por supuesto después de sumergirme en la literatura sobre el liderazgo, hay tres cosas que me sorprenden.

La primera es que él no está comprometido con ninguna organización. No está en ningún negocio. No es el líder de un partido. Es un ciudadano del mundo en toda su extensión. Y esto le ha permitido ser libre para abordar los mayores problemas que hoy afrontamos. Creo que en ese punto en el que un líder está comprometido con una organización o resultado en particular, se crea una especie de miopía hacia lo que es posible y hacia lo que importa. El foco se concentra en los resultados del próximo trimestre o en las siguientes elecciones. Él está muy lejos de todo eso. Piensa en términos de generaciones y de lo que es mejor para la humanidad como un todo.

Gracias a esta visión tan amplia, puede hacerse cargo de los mayores retos, más que de otros más pequeños y limitados.

Así que creo que hay una lección en ello para todos nosotros: preguntarnos si hay algo que limite nuestra visión, que limite nuestra capacidad de preocuparnos. ¿Y hay una forma de aumentarla?

La segunda cosa que me sorprende es que recoge información de todas partes. Se reúne con los jefes de estado o con los mendigos. Recoge información de la gente de todos los niveles en las sociedades de todo el mundo. Es como si lanzara una enorme red que le permite entender situaciones de una forma muy profunda, y puede analizarlas de distintas maneras para buscar soluciones que no están limitadas por nadie. Y creo que esta es otra lección que aplicar todos los días y que los líderes pueden tomar de él.

Lo tercero es el alcance de su compasión, que creo que es un ideal que podemos luchar por alcanzar. Es maravillosamente ilimitada. Parecen importarle todas las personas, y el mundo en su conjunto.

DANIEL GOLEMAN

Codirector del Consortium for Research on Emotional Intelligence on Organizations en la Universidad Rutgers, coautor de *Primal Leadership: Leading with Emotional Intelligence* (Harvard Business Review Press, 2013) y autor de *El cerebro y la inteligencia emocional* y *Leadership: Selected Writings* (More than Sound, 2011). Su último libro es *La Fuerza de la compasión: La enseñanza del Dalai Lama para nuestro mundo.*

ANDREA OVANS

Antigua editora sénior de *Harvard Business Review.*

Parte siete

Desarrolla tu resiliencia

Capítulo 24

Resiliencia consciente

A veces ocurre que, durante las interacciones difíciles, empiezas a cuestionarte la opinión que tienes de ti mismo. Por ejemplo, supongamos que un subordinado te dice: «No fui a la reunión porque creo que no valoras mis ideas». En respuesta, te preguntas: «Puede que después de todo no sea un manager competente».

A muchas personas, la sensación de que su autoimagen esté siendo cuestionada les despierta emociones intensas. Estos sentimientos pueden llegar a ser abrumadores, haciendo prácticamente imposible el conversar de forma productiva sobre cualquier tema. Por esta razón, durante conversaciones difíciles, es mejor que tu autoimagen se base en tu propios sentimientos, y no en los de la otra persona.

Entender la autoimagen

Tu autoimagen se origina a partir de numerosas suposiciones que haces sobre tu persona:

- «Soy un directivo eficaz».
- «Soy una buena persona».
- «Me importan mis empleados».
- «Estoy comprometido con la prosperidad de mi empresa».

Asumir este tipo de afirmaciones puede ayudarte a satisfacer tu necesidad de autoestima, competencia y aprecio de los demás. Son pocas las personas a quienes les gusta verse desde una luz negativa, como incompetentes, insensibles o desleales.

Por qué es frecuente la negación

Muchas personas tienen autoimagen desde una mentalidad de extremos: «Soy leal o desleal», o «Soy cariñoso o indiferente». Por desgracia, esta perspectiva hace que la gente no tolere las críticas o las valoraciones negativas externas.

Por ejemplo, si un colega te dice: «Me decepcionó mucho que no apoyaras mi propuesta», podrías pensar: «No soy una persona leal si no apoyo las ideas de mis compañeros». Si la idea de que eres desleal te parece intolerable, puedes recurrir a la negación y responder algo así como: «Claro que apoyé tu propuesta».

Otras reacciones ante las amenazas

Otras posibles reacciones cuando sientes cuestionada tu autoimagen son:

- **Reprimir tus sentimientos, que adoptes una actitud distante y recurras a generalizaciones del estilo:** «Vamos a calmarnos y establecer procedimientos operativos concretos».
- **Responder a la defensiva:** «¿Me estás llamando mentiroso?».
- **Negarte a afrontar directamente el desacuerdo:** «Vamos a olvidarlo y a cambiar de tema».

Ninguna de estas respuestas te permite recibir el feedback de los demás para hacer los cambios pertinentes y mejorar tu forma de interactuar con ellos.

Manejar las amenazas a tu autoimagen

Hay varias estrategias que pueden ayudarte a manejar con eficacia los cuestionamientos a tu autoimagen:

- **Comprende tu autoimagen.** Enumera las suposiciones sobre ti que conforman la percepción que tienes de ti mismo. Si anticipas que puedes ponerte a la defensiva ante los cuestionamientos de esas creencias, serás más capaz de controlar los sentimientos negativos que puedan aparecer.
- **Adopta una mentalidad mesurada.** En lugar de asumir que puedes ser, por ejemplo, competente o incompetente, recuérdate que tanto tú como los demás tenemos una mezcla de aspectos positivos y negativos. Puedes ser competente en algunos aspectos, y menos hábil en otros.
- **Acepta la imperfección.** Reconoce que, a veces, todos cometemos errores. El secreto es ser capaz de aprender de ellos.

CÓMO RESPONDER A LAS CRÍTICAS

Peter Bregman

Más tarde o más temprano, todos hemos sido objeto de críticas y hemos reaccionado mal ante ellas. Recuerdo que una vez dirigí un proyecto del que estaba convencido que iba bien hasta que mis dos colegas, en un aparte, me dijeron que me estaba comportando de forma controladora y dominante. Enseguida me puse a la defensiva. Me costó mucho escucharlos y me sentí inseguro y torpe durante el resto del proyecto.

Las críticas inesperadas sobre un aspecto personal del que no eres consciente suelen tener ese efecto: dominan tus emociones. Aunque también puedes reaccionar de forma más productiva. Mientras escuchas los comentarios y tu adrenalina comienza a fluir, haz una pausa, respira profundamente y sigue este plan.

Acepta y deja de lado tus sentimientos. Lo llamamos «crítica constructiva», y generalmente lo es, pero también puede resultar dolorosa, desestabilizadora y personal. Observa y reconoce en ti el dolor, la ira, la vergüenza o la carencia que puedas sentir. Acepta los sentimientos, etiquétalos como lo que son: «sentimientos», y luego échalos de lado para que el ruido no te impida escuchar.

Además, trata de ver más allá de la forma de comunicar la crítica. Transmitir comentarios negativos es difícil, y tal vez la persona que te critica no lo haga todo lo bien que sería deseable, pero eso no significa que lo que dice no sea valioso y atinado. Trata de no confundir la presentación del mensaje con su contenido.

No muestres acuerdo ni desacuerdo inmediatamente. Solo quédate con los datos. Pregunta. Pide ejemplos. Resume lo que estás escuchando, con el propósito de entenderlo. Abandona la necesidad de responder. Esto reducirá tu actitud defensiva y te dejará espacio para escuchar de verdad.

La crítica, especialmente la crítica inesperada, es información útil acerca de cómo te perciben otras personas. Seguir estos pasos te ayudará a asegurarte de que puedes entenderlas bien y aprender de ellas.

Peter Bregman es director general de Bregman Partners, Inc., una firma global de consultoría de gestión que asesora a los directores generales y a sus equipos de líderes.

Capítulo 25

Cultivar la resiliencia en tiempos difíciles

Resumen del artículo completo publicado en HBR «Cómo funciona la resiliencia» de **Diane Coutu**, *subrayando ideas clave y ejemplos.*

LA IDEA EN BREVE

Las personas resilientes poseen tres características definitorias:

- Aceptan fríamente las realidades difíciles que afrontan.
- Son capaces de dar sentido a las épocas difíciles.
- Tienen una sorprendente habilidad para improvisar, haciendo lo que pueden con lo que tienen a mano.

Por suerte, podemos aprender a ser resilientes. Para cultivar la resiliencia, sigue estas recomendaciones.

Afronta la realidad

En lugar de caer en la negación para afrontar las dificultades, adopta una perspectiva serena y realista de la realidad de tu situación. Esto te preparará para actuar de maneras que te permitan resistir y entrenarte para superar la situación.

> *Ejemplo:* El almirante Jim Stockdale sobrevivió a su detención y tortura por el Vietcong en parte gracias a que fue capaz de aceptar que podían retenerlo durante un largo período de tiempo —acabó pasando ocho años detenido—. Los que no lograron sobrevivir a los campamentos fueron quienes asumieron que serían liberados antes (en Navidad, en Semana Santa, el Día de la Independencia de EE. UU.). «Creo que todos murieron porque se les rompió el corazón», dijo Stockdale.

Búscale un sentido

Cuando los tiempos difíciles te golpeen, resiste el impulso de verte como una víctima y de quejarte diciendo: «¿Por qué a mí?». En su lugar, idea explicaciones que den sentido a tu sufrimiento. Esto te servirá para que tiendas puentes desde la dura prueba que estás viviendo en el presente a un futuro mejor y más favorable. Además, tu presente será más manejable si eliminas la sensación de que es abrumador.

> *Ejemplo:* El psiquiatra austríaco Victor Frankl, superviviente del campo de concentración de Auschwitz, se dio cuenta de que para sobrevivir tenía que encontrar algún sentido a su vida. Lo hizo imaginándose a sí mismo después de la guerra, mientras dictaba una conferencia sobre la psicología del campo de concentración para ayudar a entender lo que había pasado. Al crear objetivos concretos para sí mismo, fue capaz de abstraerse de los sufrimientos del momento.

Improvisa continuamente

Cuando se presente el desastre, sé inventivo. Aprovecha al máximo lo que tengas: da nuevos usos a antiguos recursos e imagina esas posibilidades que otros no ven.

> *Ejemplo:* Mike fundó, con su amigo Paul, un negocio de venta de materiales educativos a escuelas, negocios y firmas de consultoría. Cuando la recesión golpeó el negocio, perdieron a muchos de sus principales clientes. Paul pasó por un amargo divorcio, sufría una depresión y no podía trabajar. Cuando Mike le ofreció comprar su parte del negocio, Paul le respondió con un pleito en el que alegaba que Mike estaba tratando de robarle el negocio.

Mike mantuvo la empresa en marcha como pudo: llegó a formar empresas conjuntas con sus competidores rusos y chinos con el fin de vender materiales para aprender inglés, redactó boletines para sus clientes e incluso llegó a escribir guiones de vídeo para sus competidores. La demanda judicial de su socio acabó resolviéndose a su favor, y él se encontró con un negocio nuevo y mucho más sólido que el que comenzaron juntos.

DIANE COUTU

Dirige la comunicación con los clientes en Banyan Family Business Advisors, con sede en Cambridge (Massachusetts), y es exdirectora de *Harvard Business Review*.

Capítulo 26

Practicar la compasión hacia uno mismo

Christopher Germer

Si un buen amigo te cuenta las dificultades por las que está pasando o un error que ha cometido, ¿cómo sueles responder? Lo más probable es que le ofrezcas amabilidad y consuelo, tal vez hablándole en tono cálido y tranquilizador, y puede que le abraces para demostrarle lo mucho que te importa. Cuando tu amigo se recupere y la conversación continúe, lo más probable es que le animes a que tome las medidas oportunas o a que intente descubrir cómo evitar problemas similares en el futuro.

Ahora piensa por un momento en cómo te tratarías *a ti mismo* si cometieras un gran error o afrontaras un revés. Es probable que seas mucho más duro contigo mismo, que te lances a la autocrítica («Soy tan idiota»), que te ocultes en la vergüenza o el bochorno o que pases mucho tiempo rumiando sobre tus incapacidades o tu mala suerte («¿Por qué a mí? ¿Cómo puede pasarme esto a mí?»). Cuando las cosas van mal en nuestras vidas, nos convertimos en nuestro peor enemigo.

Sin embargo, hay una forma distinta de recuperarse emocionalmente y volver a levantarse: *la autocompasión.*

Durante más de treinta años, he estado aplicando el *mindfulness* en mi consulta de psicoterapia. Es un poderoso recurso que nos ayuda a estar presentes y concentrados en la tarea que tengamos entre manos. Sin embargo, me he dado cuenta de que a menudo se pasa por alto un componente de la atención plena que es esencial para la resiliencia emocional. Concretamente, cuando cometemos un error importante, es probable que nos veamos invadidos por la vergüenza y que el concepto de nuestro ego se vaya al traste. Todos sabemos lo que se siente: somos incapaces de pensar con claridad, perdemos temporalmente la noción de tiempo y lugar, quedamos desconectados de nuestros cuerpos y no tenemos claro quiénes somos en realidad. La vergüenza tiene una manera de aniquilar al observador que hace necesario que seamos conscientes de nuestra situación.

¿Qué hace falta para que te recuperes y abordes la situación de una manera eficaz? Tienes que tratarte con la misma amabilidad y apoyo que darías a un querido amigo.

Un cuerpo de investigación sólido y creciente muestra que esta autocompasión está estrechamente asociada a la resiliencia emocional, e incluye la capacidad de calmarnos, reconocer nuestros errores y aprender de ellos, así como de motivarnos a tener éxito. La autocompasión también se correlaciona constantemente con distintas y numerosas manifestaciones del bienestar emocional, como el optimismo, la satisfacción con la vida, la autonomía y la sabiduría, así como con la reducción de la ansiedad, la depresión, el estrés y los sentimientos de vergüenza.

Para lograr estos beneficios, la autocompasión debe incluir tres aspectos, según mi compañera e investigadora pionera de la autocompasión Kristin Neff:

- ***Mindfulness*:** conciencia plena de lo que está ocurriendo en el momento presente. Para ser amables con nosotros mismos, primero necesitamos saber que estamos luchando mientras estamos luchando. También es útil nombrar las emociones que estamos sintiendo en situaciones difíciles para conectarnos con el aquí y ahora (sensaciones, sonidos, imágenes). Estas son todas las habilidades asociadas con la atención plena que propician una respuesta compasiva.

- **Humanidad común:** recordar que no estamos solos. La mayoría de nosotros tiende a esconderse en la vergüenza cuando las cosas van muy mal en nuestras vidas, o nos escondemos de nosotros mismos con alguna distracción o tomando un trago. El antídoto es reconocer la parte humana que compartimos con el resto de las personas, comprendiendo que la mayoría de personas sentirían lo mismo en una situación similar y que no somos la única persona que sufre tal situación.
- **Autocomplacencia:** una respuesta amable y cálida hacia uno mismo. Esta actitud puede manifestarse de muchas formas, como una mano suave sobre el corazón, validando cómo nos sentimos, hablándonos a nosotros mismos de una forma alentadora, o mediante un simple acto de bondad, como tomar una bebida reconfortante o escuchar música.

Cuando nos sentimos amenazados, nuestro sistema nervioso se inunda de adrenalina y, por lo tanto, se acelera. En ese estado, lo último en lo que pensamos es en cuidarnos y autocomplacernos. Sin embargo, cuando experimentamos conexiones positivas y cálidas, nuestro sistema libera oxitocina en su lugar, una hormona que nos proporciona bienestar y que reduce los efectos de la adrenalina. Hacer una pausa consciente, y a continuación ser amables con nosotros mismos parece activar nuestro sistema innato de cuidado y el efecto calmante de la oxitocina; lo que permite que la mente se despeje y nos dé la oportunidad de tomar medidas racionales para resolver el problema.

UN MOMENTO DE AUTOCOMPASIÓN

Cuando notes que estás bajo estrés o emocionalmente alterado, trata de identificar el lugar de tu cuerpo donde sientes el malestar. ¿Dónde lo sientes más? Entonces puedes decirte lentamente:

1. ***«Este es un momento de lucha».*** Esto es *mindfulness*. Prueba a ver si puedes encontrar una forma de expresarlo con tus propias palabras, como:
    - «Esto duele».
    - «Esto es duro».
    - «¡Ay!».
2. ***«Luchar forma parte de la vida».*** Es algo común de los seres humanos. Otras opciones pueden ser:
    - «Otras personas también se sienten así».
    - «No estoy solo».
    - «Todos luchamos en nuestras vidas».

Ahora pon tus manos sobre tu corazón, o en cualquier otro lugar que te resulte reconfortante, sintiendo la calidez y la suavidad del tacto de tus manos, y repítete a ti mismo:

3. ***«Puedo ser amable conmigo mismo. Puedo darme lo que necesito».*** Quizás en ese momento necesites escuchar palabras más concretas, como:
    - «Puedo aceptarme tal como soy».
    - «Puedo aprender a aceptarme tal como soy».
    - «Puedo estar seguro».
    - «Puedo ser fuerte».
    - «Puedo perdonarme».

Si tienes problemas para encontrar las palabras adecuadas, resulta útil imaginar qué le dirías a un amigo íntimo que lucha contra esa misma dificultad. ¿Puedes decirte algo similar a ti mismo, dejando que las palabras fluyan suavemente en tu mente?

Aunque, cuando las cosas salen mal, la autocompasión no suele surgir de forma espontánea, sí que podemos aprender a convocarla. Neff ha desarrollado un ejercicio que puedes aplicar a tu vida cotidiana cuando necesites algo de compasión hacia ti mismo (véase «Un momento de autocompasión») que se basa en los tres aspectos de la autocompasión descritos antes. (Este es solo uno de los ejercicios que ofrecemos como parte de nuestro programa de capacitación: Autocompasión consciente con apoyo empírico).

Veamos un ejemplo de un momento de autocompasión: tu jefa te asignó una tarea difícil en la dirección de un proyecto grande y crítico. El proyecto ha sido un gran éxito, debido en gran parte a tu hábil liderazgo, y crees que has demostrado que estás listo para que te asciendan. Pero, cuando planteas la idea a tu jefa, se ríe con desdén y cambia de tema. Dejas la conversación desanimado y lleno de ira, preguntándote para qué te has molestado en trabajar tan duro si no vas a recibir reconocimiento alguno. Por supuesto, tu jefa no iba a apoyarte, ni siquiera a darse cuenta, solo quería que alguien hiciera el trabajo pesado para aligerar, egoístamente, su propia agenda. O tal vez estás irremediablemente desfasado y tu rendimiento realmente no ha sido tan bueno como tú crees. Cuando las emociones están en todo su apogeo, nuestras mentes se descontrolan.

Como profesional de los negocios con experiencia, puedes pensar que este es el momento perfecto para postularte si pudieras hacer una propuesta equilibrada y convincente. Pero, sin un momento de autocompasión es probable que tu reactividad emocional se interponga en tu camino, que demuestres tu enfado, en lugar de tus habilidades de liderazgo, o que dejes que las dudas sobre ti mismo afecten a tu capacidad para ver la conversación con una conclusión aceptable.

¿Cómo puedes activar la autocompasión en el calor del momento? Comienza reconociendo cómo te sientes. Por ejemplo, reconociendo que todavía puedes estar enfadado («Es una persona horrible y la odio»), verte como la víctima («¿Por qué me ha hecho pasar por todo esto?») o dudar de ti mismo («A lo mejor tiene razón, puede que no me merezca un ascenso, después de todo no hice tan gran trabajo»).

A continuación, reconoce que en tu situación otras personas seguramente tendrían sentimientos similares: solicitar un ascenso después de haber desarrollado tus habilidades y de asumir más responsabilidad es algo razonable, y tu reacción emocional al rechazo de esa solicitud está dentro de lo normal. Piensa en cualquier ejemplo que conozcas de otros en situaciones similares. Tal vez Rob, del departamento de finanzas, te contó que el año pasado también le denegaron su ascenso y se dio cuenta de lo molesto que estaba y de cómo dudaba de su propio valor. No estás solo.

Por último, expresa bondad hacia ti mismo: ¿Qué le dirías a un amigo que estuviera en tu situación? Tal vez: «Es difícil sentirse infravalorado». «Pase lo que pase, ese proyecto fue un gran éxito, fíjate en los números». También piensa en cosas que ya haces para cuidarte. ¿Vas a correr, acaricias a tu perro, llamas a un amigo? Si haces eso cuando estás sufriendo, eso es autocompasión.

Una vez que hayas cambiado tu ánimo desde un estado de amenaza a la autocompasión, es probable que te encuentres más tranquilo y en un lugar donde puedas sentarte y escribir una propuesta meditada y persuasiva para tu ascenso; una que se base en el éxito del proyecto en el que has participado y que muestre tu potencial de liderazgo bajo estrés.

Y, ya para acabar, un comentario. Muchas personas descartan la autocompasión porque creen que se opone frontalmente a su ambición o a su actitud de motivación intrínseca; cualidades que consideran responsables de su éxito. Pero ser compasivo no implica que no debas ser ambicioso ni esforzarte para alcanzar logros. Más bien se trata de cómo te motivas. En lugar de usar un látigo, que es el equivalente de motivarte a ti mismo empleando la culpa y la autocrítica dura, la autocompasión motiva como un buen entrenador: con ánimo, amabilidad y apoyo. Es una simple inversión de la regla de oro: «aprender a tratarnos a nosotros mismos como tratamos de forma natural a otros que lo necesitan: con amabilidad, calidez y respeto».

CHRISTOPHER GERMER

Psicólogo clínico y profesor de psiquiatría a tiempo parcial en la Facultad de Medicina de Harvard. Es codesarrollador del programa Mindful Self-Compassion (MSC), autor de *The Mindful Path to Self-Compassion* y coautor de *Mindfulness y psicoterapia*[1] y *Wisdom and Compassion in Psychotherapy.* Es también miembro fundador del Center for Mindfulness and Compassion, Cambridge Health Alliance/Harvard Medical School.

---

1 Germer, C. K., Siegel, R. D., & Fulton, P. R. *Mindfulness y psicoterapia* (Bilbao: Desclée de Brouwer, 2015).

Capítulo 27

No aguantes, recupérate

Shawn Achor y Michelle Gielan

Viajamos constantemente y somos padres de un niño de 2 años, así que no es extraño que algunas veces fantaseemos sobre cuánto trabajo seríamos capaces de terminar si uno de los dos se subiese a un avión, sin verse distraído por móviles, amigos o imágenes de la película *Buscando a Nemo*. Corremos para acabar los preparativos: hacer el equipaje, pasar por los controles de seguridad, hacer la llamada de trabajo de última hora, embarcar. Sin embargo, cuando intentamos disfrutar de una increíble sesión de trabajo durante el vuelo, no conseguimos hacer nada. Aún peor, después de descargar los emails o tratar de leer el mismo estudio una y otra vez, cuando aterrizamos estamos tan cansados que nos somos capaces de seguir leyendo los emails que inevitablemente se van amontonando en nuestra la bandeja de entrada.

¿Por qué no podemos ser más fuertes, más resilientes y constantes en nuestro trabajo y, así, poder cumplir los objetivos que nos hemos marcado? Gracias a nuestra labor de investigación hemos llegado a la conclusión de que el problema no está ni en una agenda frenética ni en el obstáculo que ello supone cuando nos enfrentamos a un exceso de trabajo.

Desde el punto de vista social, a menudo adoptamos una perspectiva militar «dura» de la resiliencia y el aguante. Nos imaginamos a un marine sudando sangre metido en el barro, a un boxeador aguantando un nuevo asalto o a un futbolista levantándose del césped para iniciar una nueva jugada. Pensamos que cuanto más aguantamos, más fuertes somos y, por tanto, tenemos más oportunidades de prosperar.

Sin embargo, esta concepción es científicamente inexacta. La ausencia de un período de recuperación limita enormemente nuestra habilidad para ser resilientes y prósperos. La resiliencia se define como la capacidad de recuperarse rápidamente de situaciones estresantes —no importa los problemas que afrontemos, nos seguimos levantando, preparados para el próximo—. Pero incluso la persona más resiliente no está lista inmediatamente. Es un proceso, un proceso muy importante. La investigación ha mostrado que hay una correlación directa entre esa falta de recuperación y una mayor incidencia de problemas de salud y seguridad. Tanto si se presenta en forma de una mala calidad del sueño, interrumpido por las preocupaciones laborales, como por la excitación continua que provoca el estar atentos constantemente al teléfono, la falta de recuperación supone para nuestras empresas una pérdida de 62.000 millones de dólares anuales.[1]

Las ideas equivocadas sobre la resiliencia, como una cualidad y energía constante, a menudo se alimentan desde una edad temprana. Por ejemplo, los padres que tratan de enseñar resiliencia a sus hijos pueden felicitar a un hijo que se queda despierto hasta las tres de la mañana para terminar el proyecto final para una Feria de la Ciencia de su instituto. Pero cuando un estudiante exhausto conduce hacia el instituto, está corriendo el riesgo de hacer daño a otros o a sí mismo, en clase no cuenta con los recursos cognitivos

1 J. K. Sluiter. «The Influence of Work Characteristics on the Need for Recovery and Experienced Health: A Study on Coach Drivers», en *Ergonomics* 42, n.º 4 (1999): 573-583; y la American Academy of Sleep Medicine,«Insomnia Costing U.S. Workforce $63.2 Billion a Year in Lost Productivity», *ScienceDaily*, septiembre 2, 2011.

para sacar un buen resultado en su examen de lengua, tiene menos autocontrol cuando está con sus amigos y, en casa, está malhumorado con sus padres.

Los malos hábitos que aprendemos de jóvenes se incrementan cuando nos incorporamos al mercado laboral. En un estudio reciente, investigadores noruegos descubrieron que el 7,8 % de los habitantes del país se habían convertido en adictos al trabajo. Los científicos definen la adicción al trabajo como «estar excesivamente preocupado por el trabajo, con un impulso irrefrenable hacia él y dedicándole tanto tiempo y esfuerzo que hace que otros aspectos importantes de la vida se deterioren».[2] Y de hecho ese impulso puede resultar contraproducente en el trabajo, la misma área por la que nos estamos sacrificando. En su excelente libro *La revolución del sueño*,[3] Arianna Huffington afirma: «Sacrificamos el sueño en nombre de la productividad, pero irónicamente nuestra falta de sueño, a pesar de las horas extra que pasamos en el trabajo, añade hasta 11 días de pérdida de productividad por año y trabajador, o unos 2.280 dólares».

La clave de la resiliencia es no trabajar realmente duro todo el tiempo. En realidad, encontramos la resiliencia en el tiempo en que dejamos de trabajar y nos recuperamos. Lo ideal es crear ciclos en los que trabajamos duro, luego paramos y nos recuperamos, y continuamos de nuevo.

Esta conclusión se basa en la biología. «La homeostasis es un concepto fundamental de la biología que describe la capacidad de un organismo para recuperarse de forma continua y mantener su bienestar».

Cuando el organismo se desajusta debido al exceso de trabajo, desperdiciamos una cantidad enorme de recursos mentales y físicos

2 C. S. Andreassen et al., «The Relationships Between Workaholism and Symptoms of Psychiatric Disorders: A Large-Scale Cross-Sectional Study», en *PLoS One* 11, n.º 5 (2016).

3 Huffington, A. S. *La revolución del sueño: Transforma tu vida, noche tras noche* (Barcelona: Plataforma, 2016).

intentando recuperar el equilibrio antes de poder seguir trabajando. Tal como afirman Jim Loehr y Tony Schwartz en *Power of Full Engagement*, si dedicamos demasiado tiempo a rendir con intensidad, necesitamos más tiempo de recuperación para evitar el riesgo de agotarnos.

Y, si en lugar de tomarte un descanso, haces acopio de tus recursos para poder continuar «esforzándote mucho», necesitas quemar energía extra con la que poder aumentar tu nivel actual de atención. Es lo que se llama «activación». Es un círculo virtuoso descendente.

Cuanto más nos desequilibramos por el exceso de trabajo, más valor tienen las actividades que nos permiten recuperar un estado de equilibrio.

Entonces, ¿qué actividades nos permiten recuperar la homeostasis y, por tanto, aumentar nuestra resiliencia? La mayoría de la gente da por sentado que, si dejamos de realizar trabajos como contestar correos electrónicos o escribir un artículo, nuestros cerebros se recuperarán de forma natural y que, cuando empecemos de nuevo el mismo día o a la mañana siguiente, habremos recobrado nuestras energías. Pero dejar de trabajar no equivale a recuperarse. Si después del trabajo te quedas tirado en la cama mientras compruebas los mensajes del teléfono y escuchas irritantes noticias políticas, o te estresas pensando en las decisiones que implica rehabilitar tu vivienda, tu cerebro no deja de realizar actividades mentales que exigen una elevada activación mental y no descansa. Seguramente, todos los lectores de este artículo han pasado alguna noche tumbados en la cama durante horas, incapaces de dormir porque el cerebro sigue pensando en el trabajo, incluso si uno no tiene un dispositivo en la mano. Si uno se queda en la cama durante ocho horas habrá descansado, pero igualmente podrá sentirse agotado al día siguiente. La razón es que descanso y recuperación no son lo mismo.

Si intentas aumentar tu resiliencia en el trabajo, necesitas períodos de recuperación internos y externos adecuados. Como los investigadores

Fred R. H. Zijlstra, Mark Cropley y Leif W. Rydstedt afirman en su trabajo de 2014: «La recuperación interna tiene que ver con períodos cortos de relajación dentro del marco diario de la jornada laboral o en el entorno laboral. Son descansos cortos programados o espontáneos que ocurren cuando se desvía la atención o al cambiar de tarea, cuando los recursos mentales o físicos necesarios para la tarea inicial están temporalmente afectados o agotados. La recuperación externa se refiere a acciones que se realizan fuera del trabajo, durante el tiempo libre entre días laborables, los fines de semana y las vacaciones».[4]

Las investigaciones han mostrado cuatro maneras principales de aumentar la resistencia. Primero, comienza reservando un espacio para recuperarte. Hemos trabajado con varias compañías que promovían el bienestar de sus empleados, pero no lograban resultados tangibles porque no reservaban tiempo de la jornada laboral para que sus trabajadores se recuperaran. Añadir actividades a una jornada llena de trabajo aumenta la carga del estrés.

En segundo lugar, es fundamental utilizar todo el tiempo libre pagado. Como describimos en un artículo anterior de HBR («The Data-Driven Case for Vacation»), tomarte los días de descanso que te corresponden no solo te ofrece períodos de recuperación para recargar tus energías, sino que, de hecho, eleva significativamente tu productividad y tus probabilidades de ascenso.

En tercer lugar, aunque puede sonar ilógico, es posible servirse de la tecnología para limitar el uso de tecnología durante los períodos de recuperación internos durante su rutina diaria. La persona promedio consulta su teléfono 150 veces al día.[5] Si cada distracción te lleva solo un minuto —algo tremendamente optimista—, estas consultas representarían 2,5 horas diarias. En su libro de próxima aparición,

---

4 F. R. H. Zijlstra et al., «From Recovery to Regulation: An Attempt to Reconceptualize "Recovery from Work"» (edición especial en papel, John Wily & Sons, 2014), 244.

5 J. Stern, «Cellphone Users Check Phones 150x/Day and Other Internet Fun Facts», en *Good Morning America*, 29 de mayo de 2013.

The Future of Happiness, basado en su trabajo en la Escuela de Negocios de Yale, Amy Blankson sugiere descargar las aplicaciones Instant o Moment para ver cuántas veces consultas tu teléfono cada día. El uso de estas aplicaciones te recuerda que puedes hacer una elección de esos momentos en los que tomas tu teléfono y decidir no usarlo. También puedes utilizar aplicaciones como Offtime o Unplugged para establecer zonas sin tecnología mediante la programación estratégica de los modos de avión automático. Además, puedes tomarte un descanso mental cada noventa minutos para recargar tus propias baterías. Trata de no comer en tu escritorio; es mejor pasar tiempo fuera o con los amigos *sin* hablar del trabajo.

En cuarto lugar, ahora que has encontrado el tiempo para renovarte, es la hora de participar en una o dos actividades que te hagan sentir feliz y reponerte. Quítate de encima la presión y haz algo por divertirte. Sal a caminar o a correr, llama a viejos amigos, medita observando tu respiración entrar y salir de tu cuerpo durante cinco minutos, prueba una nueva receta o haz algo agradable para otra persona. Haz cosas que te hagan sentir vivo; eso te proporciona un descanso mental del trabajo y te mantiene totalmente comprometido de forma continua. Emplear tu tiempo de esta manera te ayudará a estar más en forma pero, además, estas actividades suelen dejar huella en la memoria en el largo plazo.

En cuanto a nosotros, hemos comenzado a dedicar el tiempo que pasamos en el avión a profundizar y sumergirnos en nuestra fase de recuperación. Los resultados han sido fantásticos. Normalmente, nos sentimos cansados inmediatamente cuando subimos al avión, pues la falta de espacio y la conexión irregular a internet hacen que trabajar sea un reto. Ahora, en lugar de luchar contra los elementos, nos relajamos, meditamos, dormimos, vemos películas, leemos la prensa o escuchamos algún podcasts entretenido. Y, cuando bajamos del avión, en lugar de sentirnos agotados, estamos rejuvenecidos y listos para volver a ser productivos.

Shawn Achor

Autor de varios libros que han sido éxitos de ventas en la lista del *New York Times, The Happiness Advantage* y *Before Happiness.* Es un popular conferenciante TED, con The Happy Secret to Better Work. Ha dado ponencias o realizado estudios en más de un tercio de las empresas de la lista Fortune 100 y en 50 países, además de para la Liga Nacional de Fútbol Americano, la NASA y la Casa Blanca. Actualmente, lidera una serie de cursos bajo el título «21 Days To Inspire Positive Change» para la cadena de televisión Oprah Winfrey Network. Michelle Gielan, presentadora de noticias nacionales de la cadena CBS convertida en investigadora de psicología positiva de la Universidad de Pensilvania, es autora del éxito de ventas *Broadcasting Happiness.* Colabora con Arianna Huffington investigando cómo las historias transformativas impulsan el éxito, y comparte sus investigaciones con organizaciones como Google, American Express y Boston Children's Hospital. Michelle es la anfitriona del programa *Inspire Happiness en PBS.*

Capítulo 28

¿Cuál es tu grado de resiliencia?

Manfred F. R. Kets de Vries

Todos debemos afrontar reveses de vez en cuando y, a veces, nos despierta envidia la capacidad que algunas personas tienen para recuperarse y ser más fuertes que antes. Entonces, ¿cómo podemos desarrollar esa capacidad nosotros mismos?

Numerosas investigaciones muestran que las personas resistentes suelen ser fuertes en tres áreas: dificultades, control y compromiso. Para empezar, aceptan que el cambio es la norma, no la estabilidad. Además, creen que pueden influir en los acontecimientos de sus vidas. Y están comprometidas con el mundo que les rodea.

El siguiente test te ayudará a evaluar tus fortalezas y tus zonas de mejora en estos aspectos y te ofrecerá información sobre algunas formas para mejorar.

Rodea con un círculo la opción que mejor refleje tu respuesta a cada situación. Cuando acabes el test, sigue las instrucciones que hay al final de las preguntas para conocer tu puntuación.

Dificultades

1. Te comunican que no has conseguido el ascenso que esperabas en tu trabajo porque han considerado que otro candidato está más cualificado.
   a. Estás enfadado pero no dices nada.
   b. Reconoces que estás decepcionado y pides una explicación más detallada.
   c. Preguntas qué tienes que hacer para mejorar tus posibilidades futuras de progresar en la compañía.

2. Te enteras de que la empresa en la que trabajas va a abrir una oficina en Beijing. Es un mercado difícil, pero sabes que tienes la experiencia adecuada para liderar la nueva oficina.
   a. Valoras los riesgos y decides no aprovechar la oportunidad.
   b. Comentas las ventajas y los inconvenientes con alguno de tus contactos.
   c. Aceptas el desafío.

3. Uno de tus principales clientes te dice que ha decidido firmar con uno de tus competidores el contrato en el que has trabajado tan duro.
   a. Le dices a tu equipo que habéis hecho todo lo posible para conseguir el contrato.
   b. Te quitas el tropiezo de la cabeza y aceptas que algunos factores en la decisión del cliente escapan a tu control.
   c. Reflexionas sobre la experiencia y te das cuenta de que ahora comprendes mucho mejor cómo debes tratar con este cliente en el futuro.

Control

4. Escuchas por casualidad una conversación poco halagadora sobre ti.
   a. Finges que no te molesta.

b. Te recuerdas que las personas que hablan de ti no te conocen muy bien.
c. Abordas tranquilamente a las personas que hablan de ti y les dices que te gustaría entender por qué te ven de ese modo.

5. Tu jefe te llama por una emergencia el viernes por la tarde. Quiere reunirse con un cliente el lunes por la mañana y necesita que prepares antes un estudio de viabilidad. Tenías planeado un viaje de acampada con tu familia para el fin de semana.

   a. Aceptas el encargo sin decirle nada de tus planes.
   b. Le hablas a tu jefe de tus planes pero aceptas el encargo después de que insista en lo importante que es.
   c. Le dices a tu jefe que te has comprometido con tu familia y le pides que intente reprogramar la reunión para el martes.

6. Tu trabajo se ha vuelto cada vez más estresante. Tienes demasiados plazos de entrega, demasiadas solicitudes, demasiados días trabajando hasta tarde.

   a. Te dices que esto también pasará.
   b. Intentas desviar parte de tu trabajo a un compañero.
   c. Pides unas vacaciones o una excedencia para recuperarte.

Compromiso

7. Tu mejor amigo te dice que está preocupado por tu salud y te sugiere que te apuntes a su gimnasio.

   a. Respondes: «No, gracias. Estoy bien».
   b. Estás de acuerdo en que lo del gimnasio es una buena idea y te lo apuntas en tu agenda para planteártelo.
   c. Haces caso a tu amigo y organizas una visita con él.

8. Tu compañía subsidiaria en África solicita apoyo técnico y financiero para ayudar a una escuela superior de la zona. Aunque esto

no reportará beneficios monetarios inmediatos, es una valiosa oportunidad para construir una reputación como empresa socialmente responsable.

a. Rechazas la solicitud en virtud de sus costes.
b. Aceptas considerarlo cuidadosamente.
c. Aceptas la solicitud y llamas a un amigo en el Banco Mundial para que te dé algunas sugerencias para lanzar la iniciativa.

9. Al principio de tu carrera te marcaste el objetivo de que a los 50 años serías gerente en alguna de las compañías Fortune 1000. El reloj corre: tienes 48 años y aún eres jefe de división.

a. Aceptas que este es tu puesto actual y tratas de hacerlo lo mejor posible.
b. Continúas trabajando para prosperar, pero reduces un poco tus ambiciones.
c. Averiguas una forma de alcanzar tu objetivo.

Calcula tu puntuación

Registra debajo el número de respuestas en cada área y suma la puntuación.

Dificultades

Número de respuestas a ___ =
Número de respuestas b ___ x 2 =
Número de respuestas c ___ x 3 =
Total = = Puntuación en retos

Si tu puntuación en retos es alta (7-9):
Consigues convertir los acontecimientos difíciles en ventajas y ves los reveses como oportunidades para aprender. Tienes relaciones positivas con los demás.

Si tu puntuación en retos es baja (1-6):

Debes trabajar para hacer que los acontecimientos difíciles te aporten alguna ventaja y para reformularlos bajo una luz positiva. Si durante el proceso sufres algún revés, considéralo como una oportunidad para aprender, no como un fracaso. Recuerda la importancia de mantener relaciones positivas con los demás.

Control

Número de respuestas a ___ =
Número de respuestas b ___ x 2 =
Número de respuestas c ___ x 3 =
Total = = Puntuación en control

Si tu puntuación en control es alta (7-9):

Eres capaz de diferenciar entre las cosas que puedes controlar y las que no. Afrontas los problemas emocionalmente difíciles con un espíritu proactivo. Te distancias para analizar las cosas y sabes cómo establecer límites.

Si tu puntuación en control es baja (1-6):

Trabaja para distinguir entre lo que puedes controlar y lo que no, quizás con la ayuda de un coach ejecutivo o un psicoterapeuta. Intenta manejar los problemas emocionalmente complicados de forma proactiva. Utiliza el humor para adaptarte a las dificultades. Establece límites en tu vida profesional y personal para evitar el agotamiento. Delega más responsabilidades en tus subordinados.

Compromiso

Número de respuestas a ___ =
Número de respuestas b ___ x 2 =
Número de respuestas ___ x 3 =
Total = = Puntuación en compromiso

Si tu puntuación en compromiso es alta (7-9):
Tratas de alcanzar objetivos significativos para ti y de mantener relaciones positivas con las personas que te importan. Reconoces la importancia de la salud y el equilibrio y de mantener una vida activa fuera del trabajo.

Si tu puntuación en compromiso es baja (1-6):
Determina qué es importante para ti y trata de realizar esas actividades. Haz un esfuerzo para pasar tiempo con personas importantes en tu vida. Desarrolla hábitos saludables, incluido el ejercicio diario, hábitos de sueño estables y la práctica de técnicas de relajación. No ignores los problemas.

MANFRED F. R. KETS DE VRIES

Profesor emérito de desarrollo de liderazgo y cambio organizacional en INSEAD en Francia, Singapur y Abu Dhabi. Su libro más reciente es *Riding the Leadership Roller Coaster: An Observer's Guide* (Palgrave Macmillan, 2016).

Parte ocho

Desarrollar la inteligencia emocional de tu equipo

Capítulo 29

Cómo ayudar a alguien a que desarrolle la inteligencia emocional

Annie McKee

En la oficina es fácil señalar a los que carecen de autoconciencia básica o de habilidades sociales. Tanto si son colegas despreocupados como si son jefes brutos, se trata de personas que hacen la vida difícil al resto, alterando la dinámica de los equipos de trabajo y minando la productividad y la moral. Pero, de hecho, la mayoría de nosotros podemos mejorar nuestra inteligencia emocional. Incluso los que somos verdaderos extrovertidos podemos aprender a ser más empáticos, y los amables y generosos pueden aprender a ser más persuasivos.

Como gerente, depende de ti que tus subordinados desarrollen su inteligencia emocional —si les faltan habilidades sociales, si son francamente desagradables o, simplemente, si desean ser más influyentes—. Al hacerlo, les ayudarás a prosperar en sus carreras y harás de tu lugar de trabajo un lugar más saludable, feliz y productivo.

El problema reside en que es difícil aumentar la inteligencia emocional, porque está relacionada con el desarrollo psicológico y las vías neurológicas creadas durante toda la vida (para más información, ver el libro de Daniel Goleman, *El cerebro y la inteligencia emocional*).[1] Se

1 Goleman, D., & Mayor, C. *El cerebro y la inteligencia emocional: [nuevos descubrimientos]* (Barcelona: Ediciones B., 2016).

necesita un gran esfuerzo para cambiar antiguos hábitos de interacción humana, por no mencionar competencias básicas, como la autoconciencia y el autocontrol emocional. Las gente necesita implicarse para cambiar su comportamiento y desarrollar su inteligencia emocional, o simplemente no cambiará. Esto significa que, en la práctica, no tienes la más remota posibilidad de cambiar la inteligencia emocional de alguien, a menos que esa persona quiera.

La mayoría asumimos que la gente cambiará su comportamiento cuando se lo pida alguien con autoridad (su jefe, el gerente). Sin embargo, está claro que, en el caso de los cambios y desarrollos complejos, la gente no cambia con la promesa de incentivos como buenas tareas o de una oficina mejor.[2] Y, cuando se les amenaza o se les castiga, se vuelven realmente irascibles y se comportan peor. Los procesos de gestión del rendimiento que siguen la técnica de la zanahoria y el palo y un enfoque conductista están tremendamente equivocados. Pero la mayoría de nosotros comenzamos —y terminamos— ahí, incluso en las organizaciones más innovadoras.

En qué consiste el trabajo:

> Primero, se trata de ayudar a las personas a que se planteen una visión profunda y muy personal de su propio futuro.
>
> Luego, ayudarles a que vean cómo sus actuales formas de actuar pueden necesitar algunos cambios si quieren alcanzar esa meta.

Estos son los dos primeros pasos de la teoría del *cambio intencional* de Richard Boyatzis, que llevamos años probando con líderes. Según Boyatzis —y según respalda nuestro trabajo con líderes—, así es cómo

---

2 «What Motivates Us?», entrevista de Daniel Pink y Katherine Bell, *HBR Ideacast* (podcast), 10 de febrero, 2010.

la gente realmente puede iniciar y mantener un cambio en habilidades complejas relacionadas con la inteligencia emocional:

Primero, encuentra tu sueño

Si estás ayudando a un empleado, *primero* acompáñale en el descubrimiento de lo que es importante en su vida. Solo entonces podrás pasar a los aspectos del trabajo que son importantes para él. Ayuda a tu subordinado a que cree una visión clara y convincente de un futuro que incluya relaciones poderosas y positivas con familia, amigos y compañeros de trabajo. Ten en cuenta que estoy hablando de «ayudar», no de «gestionar» a tu empleado. Hay una gran diferencia.

A continuación, averigua qué le está pasando en realidad

¿En qué estado de inteligencia emocional se halla tu empleado? Una vez que las personas tenemos un sueño poderoso que movilice nuestra motivación, somos lo suficientemente fuertes como para aguantar el chaparrón y averiguar la verdad. Si de verdad estás ayudando a tu empleado, este confiará en ti y te escuchará. Sin embargo, es probable que eso no sea suficiente. Posiblemente, te será útil recabar información de otros, ya sea a través de un instrumento de evaluación de 360 grados como el Inventario de Competencias Emocionales y Sociales (ESCI) o de un proceso de Autoestudio de Liderazgo (como se describe en nuestro libro *Becoming a Resonant Leader*), que te enseña a hablar directamente con amigos de confianza acerca de su inteligencia emocional y otras habilidades.

Por último, elabora un análisis de las necesidades y un plan de aprendizaje

Ten en cuenta que no he dicho «plan de gestión de rendimiento», o incluso «plan de desarrollo». La diferencia de un plan de aprendizaje es que dibuja una trayectoria directa de la visión personal a lo que hay que aprender a través del tiempo para llegar al desarrollo de habilidades reales.

Las metas de aprendizaje son grandes. Tomemos, por ejemplo, a un ejecutivo que conozco: a pesar de su talento, su evidente falta de interés por las personas que le rodeaban le puso en peligro de ser despedido. Quería lo que quería... y cuidado con interponerse en su camino. No parecía capaz de cambiar hasta que finalmente se dio cuenta de que su estilo de *bulldozer* estaba perjudicándole también en su casa, con sus hijos. Eso no encajaba en absoluto con su sueño de una familia feliz y unida que viviría cerca durante toda su vida. Así, con un sueño en la mano y la fea realidad amenazando su cabeza tanto en el trabajo como en casa, decidió trabajar el desarrollo de la empatía. Como objetivo de aprendizaje, la empatía es una de las competencias más difíciles e importantes de desarrollar. La capacidad para la empatía emocional y cognitiva se establece pronto en la vida, y luego se refuerza a lo largo de muchos años. Este ejecutivo tenía una buena base —adquirida durante su infancia— para la empatía, pero la intensa escolarización y un período en una competitiva oficina de consultoría de gestión le habían apartado de ella. Necesitaba volver a aprender cómo leer a la gente y preocuparse por ella. Le llevó tiempo, pero al final fue capaz de conseguirlo.

Esto suena a un duro esfuerzo de tu empleado, y es posible que así sea. Aquí es donde entra en juego una pieza final importante de la teoría. Ellos no pueden hacerlo solos —al igual que tú—. Cuando nos embarcamos en un viaje de autodesarrollo necesitamos ayuda de otra persona —amable y de apoyo—. ¿Estás disponible para ayudar a tus trabajadores? ¿Les ayudas a encontrar otros apoyos, además del tuyo, que les ayuden cuando su confianza empiece a flaquear o sufran reveses inevitables?

Desarrollar la inteligencia emocional puede marcar la diferencia entre el éxito y el fracaso en la vida y en el trabajo. Si eres el responsable de las contribuciones de la gente al equipo y a la organización, en realidad eres el gancho para tratar de ayudar a esas —muchas—

personas que tienen dificultades con su inteligencia emocional, deficientes y peligrosas. Es tu trabajo.

Pero ¿y si no eres el jefe? Todavía puedes marcar una diferencia con tus compañeros. Las mismas reglas se aplican a cómo cambia la gente. Solo tienes que encontrar un punto de entrada diferente. En mi experiencia, esa entrada comienza contigo creando un espacio seguro y estableciendo la confianza. Encuentra algo que te guste de esas personas y díselo. Concédeles crédito cuando lo merezcan —la mayoría de ellas son bastante inseguras—. Sé amable. En otras palabras, usa tu inteligencia emocional para ayudarles a prepararse para trabajar en la suya.

Y, finalmente, si nada de esto funciona, esas «personas problemáticas» no tienen que pertenecer a tu equipo, y tal vez ni siquiera a tu empresa. Si eres el gerente, ha llegado el momento de ayudarles a seguir adelante con dignidad.

ANNIE MCKEE

Investigadora de la Universidad de Pennsylvania, directora del programa doctoral ejecutivo PennCLO y fundadora del Teleos Leadership Institute. Es coautora, junto con Daniel Goleman y Richard Boyatzis, de *Primal Leadership* (Harvard Business Review Press, 2013) y también de *El líder resonante crea más* y *Becoming a Resonant Leader* (Harvard Business Review Press, 2008). Su último libro es *How to be Happy at Work* (Harvard Business Review, 2017).

Capítulo 30

Manejar los estallidos emocionales de tu equipo

Liane Davey

¿Suele llorar alguna persona de tu equipo (alguien susceptible que expresa su frustración, tristeza o preocupación a través de las lágrimas)? O tal vez hay un gritón, un aficionado a dar pataletas, que vive cada decisión con agresividad. Además de ser incómodas, estas explosiones emocionales pueden apoderarse del estado de ánimo del equipo, estancar la productividad y limitar la innovación.

No permitas que una persona emotiva aplace, debilite o prolongue un problema que hay que resolver para el buen funcionamiento del negocio. En su lugar, tómate el estallido como lo que es: un mensaje. Las emociones son pistas de que el tema que se está tratando ha tocado algo que la persona valora mucho o en lo que cree firmemente. Por lo tanto, considera los estallidos emocionales como una fuente de tres tipos de información: datos emocionales, datos fácticos o datos intelectuales; además de motivos, valores y creencias.

Cuando solo nos concentramos en los dos primeros, emociones y hechos, nos quedamos atascados. Es fácil que pase. Cuando alguien comienza a gritar, por ejemplo, puedes pensar que se ha vuelto loco (emoción) porque se acaba de retirar la inversión de su proyecto (hecho). Y muchos directivos se quedan ahí, porque se enfrentan a sentimientos incómodos o no saben cómo lidiar con ellos. Por eso, el primer paso es llegar a ser más autoconsciente cuestionando tu propia mentalidad sobre las emociones. Varios mitos suelen interponerse en la mentalidad de un líder de equipo:

Mito 1: En el trabajo no se muestran las emociones. Si trabajas con seres humanos, hay emociones. Ignorarlas, estigmatizarlas o censurarlas solo lleva a problemas tóxicos ocultos. Esta noción anticuada es una de las razones por las que las personas recurren al comportamiento pasivo-agresivo: es una forma de dar salida a sus emociones, la cuestión es si hacerlo a escondidas o abiertamente.

Mito 2: No hay tiempo para hablar de las emociones. ¿Tienes tiempo para acuerdos entre bastidores y subterfugios? ¿Tienes tiempo de reabrir las decisiones? ¿Tienes tiempo para implementaciones fallidas? Evitar los problemas emocionales desde el principio solo servirá para posponer sus consecuencias negativas. Y, cuando la gente siente que no la escuchan, sus sentimientos se amplifican, y entonces no queda más remedio que lidiar con algo realmente destructivo.

Mito 3: Las emociones influirán de forma negativa en la toma de decisiones. Las emociones siempre afectan a tu toma de decisiones. La opción es si quieres que la forma en que afecta sea explícita —y hasta qué punto quieres que influyan— o si prefieres que esta influencia quede oculta.

Una vez que hayas revisado tus ideas preconcebidas, serás más capaz de ver más allá de la emoción y de entender los hechos que afectan o transgreden los valores de la persona. Esto es fundamental, porque quien grita y llora se activa más cuando no se siente comprendido. La clave es mantener una discusión sobre los hechos, los sentimientos y los valores. Esa persona no se sentirá ignorada, y, por lo general, la emoción se disipará. Entonces podrás centrarte en tomar la mejor decisión de negocio posible.

Así es cómo se hace.

Detecta la emoción. Si esperas hasta que la emoción llegue a su apogeo, será difícil de manejar. En lugar de eso, estate atento a aquellos signos que indiquen que algo está causando preocupación. Las señales más importantes son las que muestran incongruencia entre lo que alguien dice y lo que comunica su lenguaje corporal. Cuando notes que alguien retira el contacto visual o se sonroja, reconoce lo que ves: «Steve, has dejado dos frases a medias. ¿Te pasa algo?».

Escucha. Escucha atentamente tanto la respuesta que la persona te dé como lo que puedas inferir acerca de hechos, sentimientos y valores. Podrás deducir las emociones a partir del lenguaje, especialmente en las palabras que se repiten o en las palabras extremas: «¡Tenemos un déficit presupuestario de dos millones y es nuestra cuarta reunión para tener una estupenda conversación intelectual!». El lenguaje corporal volverá a proporcionarte pistas. La expresión corporal de enojo —cuerpo inclinado, la mandíbula o los puños apretados— es muy diferente de la de desaliento —evitar el contacto visual, postura laxa— o despectivo —ojos en blanco, girándose—.

Haz preguntas. Cuando percibas las emociones a través de lo que veas o escuches, mantén la calma y el tono de voz y hazle a la persona alguna pregunta para lograr que exprese sus valores: «Tengo la sensación de que estás frustrado. ¿Qué hay detrás de eso?». Escucha su respuesta y luego profundiza más lanzando una hipótesis: «¿Es posible que te sientas frustrado porque estamos poniendo demasiado peso en el impacto que tendrá esta decisión en la gente y piensas que en realidad deberíamos centrarnos en lo que es correcto para el negocio?».

Resuélvelo. Si tu hipótesis es correcta, probablemente notarás alivio en la otra persona, incluso satisfacción: «¡Sí, exactamente!». Puedes resumirlo: «Hemos hablado de cerrar la oficina de Cleveland durante dos años y estás frustrado porque crees que la decisión correcta para el negocio es obvia». Ahora has ayudado a articular los valores que la otra persona cree que deberían fundamentar la decisión. Ahora, el equipo será claro sobre lo que motiva su desacuerdo. Puede que salten tres personas, todas a la vez: «¡Estamos hablando de personas que han dado su vida a esta organización!». «Otra vez...». Utiliza el mismo proceso para que salgan a flote los puntos de vista opuestos.

Cuando ya todos estén trabajando con los mismos tres grupos de datos (hechos, emociones y valores), sabrás qué se debe resolver. En este caso: «¿Cómo vamos a hacer compatible una medida financiera con el impacto que tendrá en las personas?». Puede que al principio parezca que hacer emerger los valores lleva demasiado tiempo, pero luego verás que realmente los problemas se resuelven más rápido. E, irónicamente, al validar las emociones, con el tiempo la gente tiende a ser menos emotiva, porque a menudo lo que causa la conducta irracional es contener las emociones o improvisar los hechos.

Si lideras a un equipo de alto rendimiento, es bastante útil el que estés preparado para afrontar emociones incómodas, desordenadas y complejas. Si se produce alguna situación que no has podido tratar debido a un miembro del equipo demasiado emotivo, dedica algún tiempo a pensar cómo lo abordarás y, luego, inicia la conversación. Hoy. No puedes permitirte el lujo de esperar más.

Liane Davey

Cofundadora de 3COze Inc. Ha publicado *You First: Inspire Your Team to Grow Up, Get Along, and Get Stuff Done y es coautora de Leadership Solutions: The Pathway to Bridge the Leadership Gap*. Su cuenta en Twitter es @LianeDavey.

Capítulo 31

Reactivar tu pasión por el trabajo

Richard Boyatzis, Annie McKee y Daniel Goleman

¿Realmente estoy viviendo como quiero vivir? Tarde o temprano, todos nos planteamos la cuestión sobre el sentido que tiene nuestra vida. Los altos ejecutivos que leen *Harvard Business Review*, por ejemplo, parecen enfrentarse a esa cuestión en el momento álgido de sus carreras. ¿Por qué? Muchos ejecutivos alcanzan su plenitud profesional entre los cuarenta y los cincuenta años, justo cuando sus padres están llegando al final de sus vidas; lo que nos recuerda que todos somos mortales. Además, muchos de los rasgos de personalidad asociados al éxito profesional, como la capacidad para resolver problemas y la tenacidad, nos llevan a seguir admitiendo una situación difícil con la esperanza de mejorarla. Entonces, un día se produce una sensación de agotamiento. Algo va mal. Esa constatación pone en marcha un proceso que hemos presenciado —literalmente, miles de veces— en nuestro trabajo de coaching con directivos y ejecutivos durante los últimos catorce años.

Ese proceso no suele ser fácil, pero hemos descubierto que este tipo de despertar es saludable y necesario; los líderes necesitan pasar por él cada pocos años para reponer su energía, su creatividad y su compromiso, y para redescubrir su pasión por el trabajo y la vida. De hecho, los líderes no pueden seguir alcanzando nuevas metas y motivando a las personas que les rodean si no comprenden sus propios sentimientos. En este artículo, analizaremos las diferentes señales que nos indican que ha llegado el momento de hacer un balance: quizá tengas una persistente sensación de duda que va aumentando con el paso del tiempo hasta que resulta imposible ignorarla, o quizá pases por una situación que da un giro a tu vida y altera irrevocablemente tu perspectiva. A continuación, describiremos algunas estrategias para aprender a escuchar esas señales y emprender medidas reparadoras. Ello puede abarcar desde un ajuste relativamente menor de la perspectiva hasta un enfoque más amplio de lo que realmente importa, pasando por cambios prácticos en la vida que te lleven a una dirección totalmente nueva.

Cuándo hay que decir «hasta aquí»

La mayoría de los empresarios, cuando se les pregunta qué es lo que más les motiva, dicen que es la pasión: dirigir, atender al cliente, defender una causa o un producto. Cuando esa pasión se desvanece, empiezan a cuestionarse el significado de su trabajo. ¿Cómo puedes reactivar esa pasión y volver a conectar con aquello que para ti tiene sentido? El primer paso es reconocer la señal de que ha llegado el momento de hacer balance. Veamos los distintos sentimientos que te permiten saber que ha llegado ese momento.

«Estoy atrapado»

A veces, un trabajo que para ti era satisfactorio se va volviendo gradualmente menos significativo, va erosionando poco a poco tu entusiasmo y tu espíritu hasta que ya no le encuentras mucho sentido. La gente suele describir ese estado como un sentimiento de trampa. Están inquietos, pero parece que no pueden cambiar nada, ni siquiera lo que está mal.

Veamos el caso de Bob McDowell, director corporativo de recursos humanos de una gran empresa de servicios profesionales. Después de dedicarse en cuerpo y alma a su trabajo durante veinticinco años, Bob se había desmoralizado terriblemente porque suprimían una y otra vez sus innovadores programas. Por lo tanto, sus esfuerzos no habían servido demasiado para mejorar el espacio de trabajo a largo plazo. Durante años se había callado las dudas, en parte porque algún éxito puntual o algún empleado excepcional que ascendía bajo su dirección le proporcionaba una profunda, aunque temporal, satisfacción. Además, su trabajo representaba todos los símbolos habituales del éxito: estatus, dinero y privilegios. Y, como la mayoría de las personas de mediana edad, McDowell tenía responsabilidades que hacían que fuera arriesgado cambiar la seguridad por la realización personal. Factores como estos se aúnan para que la gente siga avanzando a duras penas, con la esperanza de que las cosas mejoren. Pero aferrarse a la seguridad o tratar de ser un buen súbdito corporativo puede convertirse en la prisión que uno mismo se crea.

«Estoy aburrido»

Mucha gente confunde el logro de los objetivos empresariales diarios con la realización de un trabajo realmente satisfactorio, por lo que siguen estableciendo y alcanzando nuevos objetivos, hasta que se dan cuenta de que se aburren. A menudo, las personas se ven realmente afectadas por esta revelación; se sienten como si acabaran de salir de un apagón espiritual. Lo vimos en el caso de Nick Mimken, propietario de una exitosa agencia de seguros que sentía, cada vez más, que faltaba algo en su vida. Se unió a un grupo de lectura, con la esperanza de que la estimulación intelectual lo ayudara a recuperar algo de entusiasmo, pero eso no fue suficiente. Lo cierto es que ya no sabía cuáles eran sus sueños, y se limitaba a trabajar sin experimentar ninguna satisfacción real por el éxito de su negocio.

A las personas de alto rendimiento, como Mimken, les puede costar aceptar que se aburren, porque a menudo esas cualidades, generalmente positivas, como la ambición y la determinación de triunfar les ocultan que necesitan divertirse. Algunas personas incluso pueden sentirse culpables por estar inquietas cuando parece que lo tengan todo. Otros pueden admitir que no se divierten, pero creen que ese es el precio del éxito. Como dijo un directivo: «Trabajo para vivir. No espero encontrar un significado profundo en la oficina; eso lo consigo en otras partes». ¿El problema? Como a muchos, este hombre trabaja más de sesenta horas a la semana, lo que le deja poco tiempo para disfrutar de cualquier otra cosa.

«No soy la persona que quiero ser»

Algunas personas se adaptan gradualmente a las decisiones, las frustraciones e incluso al aburrimiento de su trabajo hasta que se rinden a una rutina que es totalmente incompatible con quienes son y con lo que realmente quieren. Pensemos, por ejemplo, en John Lauer, un líder ejemplar que asumió el cargo de presidente de BFGoodrich y rápidamente, con su visión de los retos y oportunidades de la empresa y con su contagiosa pasión por el negocio, se ganó el apoyo de los altos ejecutivos.

Pero, después de haber estado en la compañía durante unos seis años, vimos a Lauer dar un discurso a un grupo de estudiantes de un máster de Dirección, y nos dimos cuenta de que había perdido la chispa. Con el tiempo, Lauer había caído en una cultura corporativa que se centraba en el valor para los accionistas de una manera que no era coherente con lo que a él le importaba. No es de extrañar que, seis meses después, dejara la empresa, y que rompiera con la vida corporativa para unirse a su mujer en su trabajo con oenegés húngaras. Más tarde admitió que sabía que ya no era el mismo tras su paso por BFGoodrich, aunque no sabía muy bien por qué.

¿Cómo se desvió Lauer de su esencia? En primer lugar, el cambio había sido tan gradual que no se dio cuenta de que estaba siendo absorbido por una cultura que no encajaba con él. En segundo lugar —como muchos—, hizo lo que creía que «debía hacer»: seguir la corriente de la burocracia e ir haciendo pequeñas concesiones, una tras otra, en lugar de dejarse guiar por su corazón. Por último, mostró una cualidad que caracteriza a los líderes eficaces: la adaptabilidad. Al principio, es muy probable que Lauer se sintiera más cómodo adaptándose a la cultura corporativa. Pero, si una persona no tiene una fuerte conciencia de sí misma, corre el riesgo de adaptarse hasta tal punto que ya no se reconozca.

«No voy a pasar por encima de mi ética»

Una señal para que hagamos balance puede llegar en forma de un desafío a lo que creemos que es correcto. Ese fue el caso de Niall FitzGerald, antiguo copresidente de Unilever, cuando se le pidió que asumiera un papel de liderazgo en Sudáfrica cuando todavía funcionaba bajo el *apartheid.* La oferta fue interpretada por todos como la guinda en su carrera y una opción positiva para su futuro en Uniliver. Hasta aquel momento, FitzGerald había aceptado casi todos los destinos que le habían dado, pero la oportunidad de Sudáfrica lo frenó en seco, porque planteaba un reto directo a sus principios. ¿Cómo podía moralmente aceptar un trabajo en un país cuyo entorno político y social le parecía reprobable?

O veamos el caso de un gerente al que llamaremos Rob. Después de trabajar para varios jefes honrados y que lo apoyaban, se encontró a las órdenes de un ejecutivo —lo llamaremos Martin— cuyo estilo de gestión entraba en conflicto directo con los valores de Rob. El trato abusivo de ese hombre hacia sus subordinados había hecho descarrilar varias carreras prometedoras, aunque era una especie de leyenda en la empresa. Por desgracia para Rob, el equipo ejecutivo superior admiraba la actuación de Martin y, francamente, consideraba que a los jóvenes les beneficiaba estar una temporada bajo su dirección, al estilo de un teniente de la Marina.

Si te das cuenta de que una experiencia entra en conflicto con tus valores —como les sucedió a FitzGerald y a Rob—, por lo menos puedes tomar una decisión consciente sobre cómo afrontarlo. El problema es que la gente suele pasar por alto esta señal concreta porque pierde de vista sus valores fundamentales. A veces, separan su trabajo de su vida personal hasta tal punto que no llevan sus valores a la oficina. Como resultado, pueden aceptar o incluso participar en comportamientos que considerarían inadmisibles en su casa. Otras personas descubren que su trabajo se ha convertido en su vida, y los objetivos empresariales tienen prioridad sobre todo lo demás. Muchos ejecutivos que en el fondo valoran a la familia por encima de todo acaban trabajando doce horas al día y, cada vez más, se van perdiendo cenas familiares mientras persiguen su éxito en el trabajo. En esos casos, es posible que las personas no oigan las señales de alarma. Y, aunque las oigan, pueden percatarse de que algo no funciona, pero son incapaces de identificar qué es o de hacer algo para cambiarlo.

«No puedo ignorar esa llamada»

Una llamada de atención puede venir en forma de mensaje: una fuerza irresistible que obliga a las personas a salir, a dar un paso adelante y a asumir un reto. Es como si de repente reconocieran lo que deben hacer y no pudieran ignorarlo por más tiempo.

A menudo, se trata de una llamada espiritual, como en el caso del ejecutivo que, tras examinar sus valores y su visión personal, decidió dejar su trabajo, reorganizarse, comprar un edificio y fundar una iglesia —todo ello a los cincuenta y cinco años—. Pero esa llamada también puede adoptar otras formas: convertirse en profesor, trabajar con niños desfavorecidos o marcar la diferencia con la gente que uno encuentra cada día. Rebecca Yoon, que dirige una tintorería, ha llegado a considerar que su misión es relacionarse con los clientes a nivel personal. Debido a la atención constante y sincera que presta, muchas personas son fieles clientes de su tienda, a pesar de que el servicio real que ofrece es idéntico al de cientos de tintorerías de la ciudad.

«¡La vida es demasiado corta!»

A veces, hace falta pasar por un trauma, grande o pequeño, para que la gente se replantee su vida. Este despertar puede ser el resultado de un ataque al corazón, de la pérdida de un ser querido o de una tragedia mundial. También puede ser el resultado de algo menos dramático, enfrentarse a un hogar vacío o la celebración de un aniversario señalado. Las prioridades pueden quedar muy claras en momentos como estos, y esas cosas que parecían tan importantes hace semanas, en días o incluso en cuestión de minutos dejan de serlo.

Por ejemplo, tras una agotadora y heroica huida de su oficina en el One World Trade Center el 11 de septiembre de 2001, John Paul DeVito, del May Davis Group, entró llorando en una iglesia, desesperado por llamar a su familia. Cuando un agente de policía trató de calmarlo, DeVito respondió: «No estoy en estado de shock. Nunca he estado más consciente en mi vida». Incluso mientras lloraba la muerte de amigos y colegas, seguía extasiado con la vida, y en ese momento estaba replanteándose sus prioridades, sorprendido de que, antes de esa horrible experiencia, habría puesto el deber a su trabajo por encima de casi todo lo demás.

DeVito no es el único. La evidencia indica que muchas personas sintieron la necesidad de buscar un nuevo sentido a sus vidas tras las tragedias del 11-S, que pusieron de manifiesto el hecho de que la vida puede verse truncada en cualquier momento. Un artículo publicado el 26 de diciembre de 2001 en el *Wall Street Journal* describía a dos mujeres que realizaron cambios drásticos tras los atentados. Tras una visita a Nueva York poco después de que las torres fueran atacadas, la ingeniera Betty Roberts dejó su trabajo a los cincuenta y dos años para matricularse en la escuela de Teología. Y Chicki Wentworth decidió abandonar el edificio de oficinas y restaurantes que había tenido y gestionado durante casi treinta años para trabajar con adolescentes con problemas.

Pero, como hemos dicho, la gente a lo largo de su vida también se enfrenta a acontecimientos que los despiertan en circunstancias mucho más mundanas. Cumplir cuarenta años, casarse, enviar a un hijo a la universidad, someterse a una operación quirúrgica, enfrentarse a la jubilación... son solo algunos de los momentos en los que, de forma natural, nos detenemos y consideramos en qué se han basado nuestras decisiones.

Curiosamente, en cierta medida es socialmente más que aceptable el reaccionar ante acontecimientos impactantes o traumáticos que a cualquiera de los otros. Como resultado, las personas que se sienten atrapadas y desilusionadas a menudo se aferran a un trabajo que las hace sentir miserables durante demasiado tiempo; y, por lo tanto, pueden ser más susceptibles a las enfermedades relacionadas con el estrés. Además, las señales más silenciosas —por ejemplo, una sensación de malestar que va en aumento— pueden pasar desapercibidas o ser ignoradas porque su impacto es gradual, día tras día. Pero, como indicadores de la necesidad de reevaluar nuestras vidas, esas señales no son menos importantes que otros acontecimientos más visibles. ¿Cómo aprender a escuchar esas señales vitales y responder antes de que sea demasiado tarde? Es necesario hacer un esfuerzo consciente y disciplinado de autoevaluación periódica.

Estrategias de renovación

No existe una solución única para devolver el sentido y la pasión a tu vida. Sin embargo, hay estrategias para evaluar tu vida y corregirla si te has desviado del camino. La mayoría de las personas no siguen una única estrategia, sino una combinación, y algunas buscan ayuda externa, mientras otras prefieren emprender un viaje más solitario. Independientemente del camino que elijas, necesitas tiempo para reflexionar, una oportunidad para considerar dónde estás, hacia dónde vas y dónde quieres estar realmente. Veamos cinco enfoques.

Pide un tiempo muerto

Para algunas personas, tomarse un tiempo de descanso es la mejor manera para descubrir qué es lo que realmente quieren hacer y reconectarse con sus sueños. Ya hace años que muchos centros universitarios ofrecen un tiempo de reactivación a través de excedencias de doce meses, a menudo con sueldo. Algunas empresas —aunque muy pocas— también ofrecen excedencias, que permiten a las personas tomarse una licencia pagada para dedicarse a otros asuntos importantes con la garantía de tener un puesto de trabajo a su regreso. Lo más frecuente es que los empresarios que se toman un tiempo libre lo hagan por su cuenta; un riesgo, sin duda, pero pocos de los que se han salido del camino se arrepienten de haber tomado esa decisión.

Este es el camino que emprendió Bob McDowell. McDowell, el director de Recursos Humanos que hemos descrito antes y que se sentía atrapado en su trabajo: dejó su puesto, no buscó otro empleo y pasó unos ocho meses haciendo un balance de su vida. Consideró sus éxitos y sus fracasos y se enfrentó a los sacrificios que había hecho al dedicarse tan a fondo a un trabajo que, al fin y al cabo, le era poco satisfactorio. Otros ejecutivos se toman un tiempo libre con objetivos mucho menos ambiciosos, simplemente para desconectar de su trabajo durante un tiempo y centrarse en su vida personal. Pasada esa etapa, es posible que vuelvan con mucha ilusión al trabajo que han estado desempeñando durante años, deseosos de afrontar los mismos retos con una renovada pasión.

Otros, en cambio, quieren salirse por la vía rápida y dar un respiro a sus mentes haciendo algo diferente. Cuando Nick Mimken, el desanimado jefe de una agencia de seguros, hizo balance de su vida y se dio cuenta de que su trabajo no le motivaba, decidió vender su negocio, quedarse con unos pocos clientes e ir a clases de escultura. A continuación, se puso a trabajar como jornalero para un paisajista con el fin de continuar con su gusto por la escultura al aire libre —en particular, fuentes de piedra—. En la actualidad, vive con su mujer en Nantucket,

Massachusetts, donde ya no trabaja para ganarse la vida, sino para vivir. Está explorando aquello que lo motiva, ya sea la escultura en roca, la fundición en bronce, la protección de la vida silvestre o enseñar a la gente cómo gestionar su dinero. A Nick ahora le apasiona su trabajo y cómo vive su vida. Se considera un explorador de la vida.

En cualquier caso, tanto si se trata de un intenso ejercicio de búsqueda espiritual como de una simple pausa en la vida corporativa, las personas encuentran casi siempre fortalecedores esos tiempos muertos. Pero apartarse del trabajo no es fácil. Sin listas de tareas, sin reuniones ni llamadas telefónicas, sin estructura... puede ser difícil para los grandes triunfadores abandonar sus rutinas. La pérdida de seguridad financiera hace que para algunos sea inconcebible dar un paso así. Y, para muchas personas cuya identidad está ligada a su vida profesional, alejarse les parece un sacrificio demasiado grande. De hecho, hemos visto a personas subirse de nuevo al tren en una o dos semanas sin obtener ningún beneficio de ese tiempo libre, solo porque no podían soportar estar lejos de su trabajo.

Encuentra un plan

Mientras que un tiempo de descanso puede suponer una pausa reparadora, un plan de liderazgo o desarrollo ejecutivo es una estrategia más estructurada, que guía a las personas mientras exploran sus sueños y abren nuevas puertas.

¿Te acuerdas de John Lauer? Dos años después de dejar BFGoodrich, Lauer seguía trabajando con los refugiados húngaros —en su tiempo libre— y seguía convencido de que no quería tener nada que ver con la dirección de una empresa. Sin embargo, como parte de la búsqueda de la siguiente fase de su carrera, decidió cursar un doctorado ejecutivo. Mientras lo cursaba, asistió a un seminario de Desarrollo del Liderazgo en el que una serie de ejercicios lo obligaron a aclarar sus valores, su filosofía, sus aspiraciones y sus puntos fuertes (véase «Herramientas para la reflexión» para saber más sobre algunos de estos ejercicios).

HERRAMIENTAS PARA LA REFLEXIÓN

Una vez que has perdido el contacto con tu pasión y tus sueños, la propia rutina del trabajo y los hábitos de tu mente pueden dificultar la reconexión. Aquí tienes algunas herramientas que pueden ayudarte a romper con esas rutinas y hacer que vuelvas a soñar.

Reflexiona sobre el pasado

A solas, con amigos y con asesores de confianza, haz periódicamente una revisión de la realidad. Tómate una o dos horas y dibuja la «línea de tu vida». Empezando por la infancia, traza los puntos altos y los puntos bajos: los acontecimientos alegres y los tristes. Anota los momentos en los que te sentiste más orgulloso, más emocionado, más fuerte y seguro. Anota también aquellos momentos en los que te sentiste solo y perdido. Señala las transiciones, los momentos en los que las cosas cambiaron fundamentalmente para ti. Ahora, observa todo el conjunto. ¿Cuáles son los temas subyacentes? ¿Qué es lo que parece estar siempre presente, independientemente de la situación? ¿Qué valores pesan más a menudo y con más fuerza cuando haces cambios en tu vida? ¿Sigues en general una trayectoria positiva, o ha habido muchos altibajos? ¿Dónde encaja la suerte o el destino?

Ahora observa el pasado más reciente y considera estas preguntas: ¿Qué ha cambiado, o no, en tu trabajo y tu vida? ¿Cómo te sientes? ¿Cómo te ves a ti mismo? ¿Estás aplicando tus valores? ¿Te estás divirtiendo? ¿Coinciden tus valores con lo que tienes que hacer en el trabajo y con lo que hace tu empresa? ¿Han cambiado tus sueños? ¿Sigues creyendo en tu visión del futuro?

Como forma de ponerlo todo en orden, haz un poco de escritura libre. Prueba a terminar las frases: «En mi vida yo...» y «Ahora yo...».

Define tus principios vitales

Piensa en los diferentes aspectos de tu vida que son importantes; por ejemplo, la familia, las relaciones, el trabajo, la espiritualidad y la salud física. ¿Cuáles son tus valores fundamentales en cada una de esas áreas? Enumera cinco o seis principios que te guíen en la vida y piensa si son valores que realmente vives o simplemente hablas de ellos.

Amplía tu horizonte

Intenta escribir una o dos páginas sobre lo que te gustaría hacer el resto de tu vida. También puedes numerar una hoja del 1 al 27 y apuntar las cosas que quieres hacer o experimentar antes de morir. No te sientas obligado a detenerte en el número 27, y no te preocupes por las prioridades o su practicidad, simplemente escribe lo que se te vaya ocurriendo.

Este ejercicio es más difícil de lo que parece porque la naturaleza humana tiende a pensar más en términos de lo que tenemos que hacer mañana, la semana que viene o el mes que viene. Pero con un horizonte tan corto solo nos centramos en lo urgente, no en lo importante. Cuando pensamos en términos de un horizonte más amplio, como lo que podríamos hacer antes de morir, abrimos un nuevo abanico de posibilidades. En nuestro trabajo con líderes que realizaron este ejercicio, hemos observado sorprendentemente una tendencia: la mayoría de las personas anotan algunos objetivos profesionales, pero un 80 % de sus listas, o más, no tiene nada que ver con el trabajo. Cuando terminan el ejercicio y estudian lo que han escrito, ven patrones que les ayudan a empezar a cristalizar sus sueños y sus aspiraciones.

Imagina tu futuro

Piensa en dónde estarías sentado y leyendo este artículo si fuera dentro de quince años y estuvieras viviendo tu vida real. ¿Qué tipos de personas te rodearían? ¿Cómo se vería y se sentiría tu entorno? ¿Qué harías durante un día o una semana normal? No te preocupes por la viabilidad de la creación de esta vida; más bien, deja que la imagen se desarrolle y sitúate en ella.

Intenta escribir libremente sobre esta visión de ti mismo, narra tu visión y grábala o habla de ella con un amigo de confianza. Muchas personas afirman que, al hacer este ejercicio, experimentan una liberación de energía y se sienten más optimistas que antes. Imaginar un futuro ideal puede ser una forma poderosa de conectar con las posibilidades de cambio en nuestras vidas.

Al considerar la siguiente década de su vida y reflexionar sobre sus capacidades, Lauer se dio cuenta de que su reticencia a dirigir una empresa en realidad representaba su miedo a volver a tener la misma experiencia que había vivido en BFGoodrich. De hecho, le encantaba estar al frente de una organización en la que podía transmitir su visión y hacer avanzar a la empresa, y disfrutaba trabajando con un equipo de ejecutivos con ideas afines. De repente, entendió que echaba de menos esos aspectos del trabajo como director general y que, si se daban las circunstancias adecuadas —si pudiera aplicar las ideas que había desarrollado en sus estudios—, ser director general podía ser divertido.

Con esa renovada pasión por liderar, Lauer respondió a algunas llamadas de cazatalentos, y en un mes le ofrecieron el puesto de presidente y director general de Oglebay Norton, una empresa de doscientos cincuenta millones de dólares en el sector de las materias primas. Allí se convirtió en un ejemplo del estilo de liderazgo democrático, acogiendo las aportaciones de los empleados y animando a su equipo directivo a que hicieran lo mismo. Como nos dijo uno de sus ejecutivos: «John nos levanta el ánimo, la confianza y la pasión por la excelencia». Aunque la empresa se dedique a productos tan poco glamurosos como la grava y la arena, Lauer hizo tantas mejoras en su primer año que Oglebay Norton apareció en *Fortune*, en *Business Week* y en *Wall Street Journal*.

Otro ejecutivo que conocemos, Tim Schramko, desarrolló una larga carrera en la gestión de empresas sanitarias. Para distraerse, empezó a dar clases a tiempo parcial. Asumió una carga de cursos cada vez mayor mientras cumplía con sus responsabilidades empresariales, pero se estaba agotando. No fue hasta que se sometió a un proceso estructurado que lo ayudó a diseñar su futuro ideal cuando se dio cuenta de que su vocación era la enseñanza. Una vez que lo tuvo claro, elaboró un plan para liberarse de sus obligaciones empresariales en un periodo de dos años, y ahora es profesor universitario a tiempo completo.

Muchas instituciones educativas ofrecen programas que facilitan este tipo de posibilidades. Es más, algunas empresas han desarrollado sus propios programas porque se han dado cuenta de que los líderes que tienen la oportunidad de volver a conectar con sus sueños tienden a regresar con una energía y un compromiso redoblados. Por supuesto, existe el riesgo de que, tras una seria reflexión, algunos participantes abandonen el barco. Pero, según nuestra experiencia, la mayoría encuentra un nuevo significado y pasión en sus puestos actuales. En cualquier caso, las personas que abandonan no estaban en el trabajo adecuado y, tarde o temprano, se habrían dado cuenta.

Crea «estructuras de reflexión»

Cuando el gurú del liderazgo Warren Bennis entrevistó a líderes de todos los ámbitos de la vida a principios de los años noventa, descubrió que tenían una forma similar de mantenerse en contacto con lo que era importante para ellos. Incorporaron a sus vidas lo que Bennis denomina «estructuras de reflexión»: tiempo y espacio para el autoexamen, ya sea unas horas a la semana, uno o dos días al mes, o un período más largo cada año.

Para muchas personas, las prácticas religiosas proporcionan una salida para la reflexión, y algunas personas dedican un tiempo al día o a la semana para la oración o la meditación. Pero la reflexión no tiene por qué implicar seguir una religión organizada. Esa actividad es un desahogo para muchas personas, y algunos ejecutivos reservan tiempo en sus calendarios para entrenar regularmente. Un director general de una empresa de servicios públicos de 2.000 millones de dólares reserva ocho horas a la semana para la reflexión en solitario: una hora al día, quizá dos o tres horas en un fin de semana. Durante ese tiempo, puede dar un largo paseo, trabajar en el taller de su casa o hacer una ruta en su Harley. Pase lo que pase, la idea es alejarse de las exigencias de su trabajo y estar con sus propios pensamientos.

Cada vez más, hemos visto que la gente también busca oportunidades para la reflexión colectiva, para poder compartir sus sueños y frustraciones con sus compañeros. En su tercera etapa al frente de una importante división del Hay Group, Murray Dalziel decidió incorporar la reflexión a su vida uniéndose a un grupo de directores generales que se reúnen una vez al mes. En cierto sentido, el grupo legitima el tiempo dedicado a pensar, hablar y aprender unos de otros. Los miembros han creado una comunidad de confianza en la que pueden compartir opiniones sinceras, un recurso escaso para la mayoría de los ejecutivos. Y todos obtienen beneficios tangibles, ya que la gente intercambia consejos sobre cómo arreglar los procesos que no funcionan o sortear situaciones difíciles.

Trabaja con un coach

Nuestros propios prejuicios y experiencias a veces nos impiden encontrar una salida a una situación difícil o confusa; necesitamos a una perspectiva externa. La ayuda puede venir de manera informal de la familia, los amigos y los colegas, o puede venir de un entrenador profesional experto en ayudar a las personas a que encuentren puntos fuertes e identifiquen nuevas formas de utilizarlos. En este artículo no vamos a hablar de la estrategia más convencional, pero es, por supuesto, otra alternativa.

Cuando Bob McDowell, el director de Recursos Humanos, se alejó de su carrera, buscó una diversidad de relaciones personales y profesionales para que lo ayudaran a decidir cómo enfocar su futuro. Trabajando con un coach ejecutivo, McDowell pudo identificar qué era importante para él en la vida y traducirlo a lo que consideraba esencial en un trabajo. Entonces, trazó unas líneas claras en torno a aquellos aspectos de su vida personal que ya no iba a poner en riesgo: la salud y el ejercicio, el tiempo con su familia, las aficiones personales y otros intereses. Al final, encontró el camino hacia una nueva carrera como socio de una empresa de búsqueda de ejecutivos; un trabajo que nunca se había planteado, pero que encajaba con su pasión por ayudar a las personas y a las empresas para las que trabajan. Es más, su búsqueda espiritual había despertado tanto su creatividad que en su nuevo puesto combinó la consultoría organizativa tradicional con el proceso de búsqueda para descubrir posibilidades poco habituales. En lugar de la típica búsqueda de ejecutivos, ayuda a las empresas a encontrar empleados que aporten magia al negocio y a las relaciones esenciales para el éxito.

¿Qué aportó el coach a la autorreflexión de McDowell? Quizá el principal beneficio fue una relación de confianza y confidencialidad que le dio el espacio para soñar; algo que en gran medida los ejecutivos evitan, porque las expectativas de la sociedad y su familia pesan mucho sobre ellos. Como muchos, McDowell comenzó este proceso asumiendo que simplemente definiría sus prioridades, aclararía sus objetivos laborales y trazaría un nuevo camino profesional. Pero, para su sorpresa, la perspectiva de su coach lo ayudó a ver nuevas oportunidades en diversos aspectos de su vida, no solo en el trabajo.

Sin embargo, a veces un coach no hace más que ayudarte a reconocer aquello que hasta cierto punto ya sabes. Richard Whiteley, cofundador de una empresa exitosa de consultoría internacional y autor de varios bestsellers empresariales, sintió que ya no se divertía tanto como antes; estaba inquieto y quería un cambio. Para ello, empezó a trabajar de forma paralela, ayudando a otros empresarios a mejorar su eficacia mediante el desarrollo espiritual. Se planteó dejar su actividad de consultor y concentrarse en el trabajo espiritual, pero estaba indeciso. Recurrió a un guía espiritual que le dijo: «Olvida el trabajo espiritual y concéntrate en el trabajo que has estado haciendo». Solo cuando se vio sorprendido por tener que elegir el camino contrario, Richard pudo reconocer lo que realmente quería hacer. En pocos meses, Richard se dedicó a escribir y hablar casi exclusivamente sobre la espiritualidad y la pasión en el trabajo, y sigue prosperando.

Encontrar un nuevo significado en un territorio conocido

No siempre es factible cambiar de trabajo o mudarse a un lugar nuevo, aunque la situación sea insostenible. Y, francamente, mucha gente no quiere hacer cambios tan importantes. Pero a menudo es más fácil de lo que crees hacer pequeños ajustes para que tu trabajo refleje más claramente tus creencias y tus valores, siempre que sepas lo que necesitas y que tengas el valor de asumir algunos riesgos.

Volvamos con Niall FitzGerald, que se enfrentó a la decisión de vivir y trabajar en Sudáfrica. FitzGerald, una persona fuerte y de principios, además de buen representante corporativo, decidió finalmente romper con la cultura de la empresa aceptando el trabajo con una condición sin precedentes: si durante los primeros seis meses, más o menos, su situación en el país le resultaba intolerable, se le permitiría ocupar otro trabajo en Unilever, sin ser cuestionado. A continuación, se dispuso a encontrar la manera de ejercer una influencia positiva en su nuevo entorno de trabajo siempre que fuera posible.

Como líder de una importante empresa, FitzGerald tenía cierta influencia, por supuesto, pero sabía que no podía enfrentarse directamente al gobierno. Su respuesta fue pensar en lo que *podía* cambiar, hacerlo, y luego lidiar con el sistema. Por ejemplo, cuando estaba construyendo una nueva planta, el arquitecto le mostró a FitzGerald unos planos con ocho baños: cuatro para hombres y cuatro para mujeres, separados para los cuatro grupos raciales principales, tal y como exigía la ley. En conjunto, los ocho baños ocuparían una cuarta parte de toda una planta.

FitzGerald rechazó los planos y anunció que construiría dos baños con las mejores condiciones posibles: uno para hombres y otro para mujeres. Una vez construida la planta, los funcionarios del gobierno inspeccionaron el edificio, observaron la discrepancia y le preguntaron qué pensaba hacer al respecto. Respondió: «No están separados porque decidimos no hacerlo. No estamos de acuerdo con la segregación racial. Son unos aseos muy cómodos... se puede almorzar en el suelo... Yo no tengo ningún problema. Tú tienes un problema y tienes que decidir qué hacer. Yo no voy a hacer nada». El gobierno no respondió inmediatamente, pero más tarde la ley fue modificada discretamente. El acto de rebeldía de FitzGerald fue mínimo, pero era coherente con sus valores y era la única postura que podía adoptar en conciencia. Aplicar así los propios valores, frente a la oposición, es estimulante. Provocar un cambio que pueda suponer una diferencia para la gente que nos rodea da sentido a nuestro trabajo, y para muchas personas supone un compromiso renovado de su trabajo.

Para Rob, el directivo que se encontró a las órdenes de un jefe abusivo, el primer paso fue mirar hacia dentro y admitir que cada día sería un reto. Al tener muy claros sus propios valores básicos, pudo decidir en cada momento cómo enfrentarse a las exigencias de Martin. Podía determinar si una reacción concreta era una respuesta visceral a un hombre al que no respetaba o una reacción a una mala idea a la que tendría que enfrentarse. Podía elegir si hacer lo que creía correcto o confabularse con lo que le parecía incorrecto. Su claridad le permitió mantener la calma y la concentración, hacer bien su trabajo y cuidar del negocio de la gente que lo rodeaba. Al final, Rob salió de una situación difícil sabiendo que había mantenido su integridad sin comprometer su carrera y, en ese tiempo, incluso aprendió y creció profesionalmente. Todavía utiliza el barómetro que desarrolló durante sus años con Martin para cotejar sus acciones y decisiones con sus valores, aunque sus circunstancias hayan cambiado.

Otro ejecutivo con el que hemos trabajado, Bart Morrison, dirigió una organización sin ánimo de lucro durante diez años, y tanto los donantes como los beneficiarios de los programas y los responsables políticos consideraban que su gestión era impecable. Sin embargo, se sentía incómodo y se preguntaba si un giro como ejecutivo de la empresa —que significaría una mayor remuneración— satisfaría su deseo de un nuevo reto. Realmente, Morrison no necesitaba más dinero, aunque habría sido una ventaja, y tenía un profundo sentido de la misión social y del compromiso con su trabajo. También reconoció que trabajar en el sector privado no le ofrecía nuevos retos significativos. En el trabajo que hicimos juntos, se le ocurrió pensar en diferentes vías que podría tomar mientras continuaba en el campo de las organizaciones sin ánimo de lucro, y vio que podría escribir y dar discursos. Estas nuevas actividades le dieron la motivación que buscaba y le permitieron mantenerse fiel a su vocación.

Vale la pena señalar que, a menudo, los ejecutivos se sienten amenazados cuando los empleados empiezan a preguntar: «¿Estoy haciendo lo que quiero hacer con mi vida?». El riesgo de que la respuesta sea negativa es muy real, y las empresas pueden perder a grandes colaboradores. El estímulo, entonces, puede ser tratar de suprimir esa búsqueda. Muchos ejecutivos también evitan escuchar sus propias señales, temiendo que un examen minucioso de sus sueños y sus aspiraciones les revele graves decepciones que, para ser fieles a sí mismos, les harían dejar su trabajo y sacrificar todo lo que tanto les ha costado conseguir.

Pero, aunque la gente ya no espera que los líderes tengan todas las respuestas, sí esperan que estén abiertos a las preguntas, que intenten mantener viva su propia pasión y que apoyen a los empleados en el mismo proceso. Al fin y al cabo, tarde o temprano la mayoría de las personas sentirán una necesidad urgente de hacer balance y, si se les da la oportunidad de atender esa llamada, lo más probable es que salgan más fuertes, más sabios y más decididos que nunca.

Richard Boyatzis

Profesor de los departamentos de Comportamiento Organizativo, Psicología y Ciencia Cognitiva de la Escuela de Gestión Weatherhead y profesor universitario distinguido de la Universidad Case Western Reserve. Es cofundador del Coaching Research Lab y coautor de *Helping People Change* (Harvard Review Press, 2019).

Annie McKee

Miembro sénior de la Escuela de Postgrado de Educación de la Universidad de Pensilvania y directora del programa de doctorado ejecutivo PennCLO y el máster MedEd. Su último libro es *How to Be Happy at Work: The Power of Purpose, Hope and Friendship* (Harvard Review Press, 2017).

Daniel Goleman

Codirector del Consorcio para la Investigación de la Inteligencia Emocional en las Organizaciones de la Universidad de Rutgers. Su último libro es *Altered Traits: Science Reveals How Meditation Changes Your Mind, Brain, and Body* (Avery, 2017) junto con Richard J. Davidson.

Noyatzis, McKee y Goleman

Coautores de *Primal Leadership: Unleashing the Power of Emotional Intelligence* (Harvard Business Review Press, 2013).

Capítulo 32

Cómo gestionar tu cultura emocional

Sigal Barsade y Olivia A. O'Neill

Cuando la gente habla de «cultura corporativa», generalmente se refiere a la cultura *cognitiva*: los valores, normas, observaciones y suposiciones compartidos que sirven como guía para que el grupo prospere. La cultura mental marca el tono del comportamiento y el pensamiento de los empleados en el trabajo; por ejemplo, en qué grado están o deberían estar orientados al cliente, ser innovadores, trabajar en equipo o ser competitivos.

La cultura cognitiva es un aspecto indiscutiblemente importante para el éxito de una empresa, pero no el único. El otro aspecto crítico es lo que llamamos la «cultura emocional del grupo»: qué valores afectivos compartidos —normas, observaciones y suposiciones— que rigen las emociones que pueden expresar las personas en el trabajo y cuáles es mejor que se reserven para sí mismos. La distinción clave en este caso es entre pensamiento y sentimiento, y los dos tipos de cultura también se difunden de forma distinta: la cognitiva a menudo se transmite verbalmente, mientras que la emocional tiende a comunicarse a través de señales no verbales, como el lenguaje corporal y la expresión facial.

En las investigaciones que hemos realizado en la última década, hemos descubierto que la cultura emocional tiene efectos en la satisfacción de los empleados, en el agotamiento crónico, en el trabajo en equipo e incluso en aspectos complejos como el desempeño financiero y el absentismo laboral. Son innumerables los estudios empíricos que muestran el importante impacto de las emociones sobre la forma en que las personas cumplen sus tareas, sobre su grado de compromiso y su creatividad, sobre cuán comprometidas están con sus organizaciones y sobre cómo toman decisiones. Las emociones positivas se asocian con un mejor desempeño, calidad y servicio al cliente, en todas las funciones e industrias y en distintos niveles organizacionales. En el lado opuesto —con algunas excepciones a corto plazo—, las emociones negativas —como la ira colectiva, la tristeza, el miedo y emociones similares—, por lo general, conducen a resultados negativos, incluidos un mal desempeño y un alto volumen de rotación de personal.

Por lo tanto, cuando los directivos ignoran la cultura emocional, están pasando por alto un aspecto fundamental que hace funcionar a las personas y a las organizaciones. Tal vez entiendan su importancia en la teoría, pero eso no significa que no sigan evitando las emociones en el trabajo. Los líderes esperan influir en cómo piensan y se comportan las personas en el trabajo, pero puede que no estén preparados para entender y gestionar activamente cómo se sienten sus empleados y cómo expresan sus emociones en el entorno laboral. Quizás consideren que lo que hacen es irrelevante, no es parte de su trabajo o es poco profesional.

Culturas emocionales en la práctica

Hace casi treinta años, el psicólogo social Phil Shaver y sus colaboradores descubrieron que la gente puede distinguir entre 135 emociones distintas de forma fiable. Pero entender las emociones más básicas (alegría, amor, ira, miedo, tristeza) es un buen punto de partida para cualquier líder que deba gestionar la cultura emocional. Veamos algunos ejemplos de cómo estas emociones pueden afectar a las organizaciones.

Cultura de la alegría

Empecemos con una emoción que a menudo está claramente articulada y activamente reforzada por dirección, y además es visible y fácil de detectar. Vail Resorts —una compañía de resorts de montaña— reconoce que fomentar la alegría entre sus empleados ayuda a que también se diviertan sus clientes, algo muy importante en el negocio de la hostelería. Esto también representa una ventaja para la organización porque facilita la retención de talento en una industria extremadamente competitiva. «Diviértete» es uno de los valores de la compañía, que el CEO de Vail, Rob Katz, pone en práctica; por ejemplo, cuando le vierten un cubo de agua helada en la cabeza durante el *Ice Bucket Challenge*[1] o salta completamente vestido a una piscina. Cerca de 250 ejecutivos y otros empleados siguieron su ejemplo.

Este espíritu de alegría fomentado desde lo más alto impregna Vail. Las tácticas de gestión, las salidas especiales, las celebraciones y las recompensas apoyan la cultura emocional. Los gerentes del resort dan constantemente ejemplo de alegría y la prescriben a sus equipos. Durante la jornada de trabajo, reparten chapas a los trabajadores que se divierten espontáneamente o que ayudan a otros a disfrutar de su trabajo. En lugar de pedirles que sigan un guión estandarizado de servicio al cliente, les dicen que «vayan a divertirse». Mark Gasta, director de personal de la compañía, cuenta que suele ver a los operadores de los telesillas bailando, bromeando, haciendo «lo que haga falta para divertirse y entretener a los huéspedes», al mismo tiempo que garantizan una experiencia segura en las pistas. Vail anima a sus empleados a

---

1 *N. de t.* El Ice Bucket Challenge es una campaña de concienciación sobre la esclerosis lateral amiotrófica. Para llamar la atención sobre la enfermedad y atraer donaciones para la investigación, los participantes en la campaña se vierten encima un cubo de agua con hielo sobre la cabeza o se lo vierten a otros.

que colaboren porque, como señala Gasta: «Dejar a la gente fuera no es divertido». En una ceremonia anual, el premio Have Fun se otorga a quien haya liderado la mejor iniciativa de ese año promoviendo la diversión en trabajo. El complejo también fomenta la alegría en el trabajo con «primeras pistas» —primer acceso a las pistas de esquí para los empleados—, viajes de aventura y reuniones sociales frecuentes.

Todas estas acciones están al servicio de una cultura emocional que tiene un sentido intuitivo —¿Alegría en una estación de esquí? Por supuesto—. Pero ahora piensa en una organización donde la demanda de alegría no sea explícita. Cuando preguntamos a los empleados de Cisco Finance sobre la cultura emocional de su organización, quedó claro que para la administración promover la alegría era una prioridad. La encuesta no preguntaba a los empleados cómo se sentían en el trabajo, sino qué emociones vieron sus compañeros de forma habitual —al hacer que los empleados informen sobre las emociones de sus colegas, los investigadores obtenían una visión más objetiva de la cultura organizacional—. El resultado fue que la alegría era uno de los catalizadores más fuertes de la satisfacción y el compromiso de los empleados en la empresa, y era aún más necesaria para mantener su implicación.

Por lo tanto, la dirección convirtió la alegría en un valor cultural explícito, llamándolo «pausa para divertirse». Esto indica que es un resultado importante del cual hay que hacer seguimiento, al igual que la productividad, la creatividad y otros aspectos del rendimiento. Muchas empresas utilizan encuestas anuales de participación de los empleados para medir la alegría, a menudo en forma de satisfacción laboral y compromiso con la organización. Sin embargo, Cisco Finance lo midió de forma mucho más específica y está llevando a cabo encuestas de seguimiento para saber si realmente este valor está aumentando. Además, los líderes de la organización apoyan este valor cultural con su propio comportamiento; por ejemplo, creando vídeos cómicos que demuestran que se toman pausas para divertirse.

Cultura del afecto entre compañeros de trabajo

Otra de las emociones que hemos examinado en detalle, frecuente en la vida personal pero que rara vez se menciona en las organizaciones, es el *afecto entre compañeros*, el grado de estima, cariño y compasión que los empleados sienten y se expresan unos a otros.

Realizamos un estudio en un gran centro de cuidados en la costa este de Estados Unidos durante dieciséis meses, y observamos que las unidades en las que los trabajadores tenían una fuerte cultura del afecto entre compañeros presentaban un menor absentismo laboral, sus trabajadores sufrían menos agotamiento, el trabajo en equipo era más frecuente y su satisfacción laboral mayor que la de los colegas de otras unidades.[2] Los empleados también cumplían mejor con su trabajo, tal como demuestra una mayor satisfacción y un mejor estado de ánimo de los pacientes, que además registraron menos viajes innecesarios a la sala de urgencias —para empezar, los empleados con una disposición positiva recibieron una mayor valoración en su rendimiento—. Las familias de los pacientes ingresados en unidades con una sólida cultura del afecto entre compañeros reportaron mayor satisfacción con la institución. Estos resultados muestran una poderosa conexión entre la cultura emocional y el desempeño en la compañía.

Puesto que este estudio se llevó a cabo en unas instalaciones de atención a la salud, nos preguntamos si este afecto entre compañeros solo importa en las profesiones de ayuda. Así que encuestamos a más de 3.200 empleados de diecisiete organizaciones de siete industrias distintas: biofarmacéutica, ingeniería, servicios financieros, educación superior, infraestructuras públicas, inmobiliarias y viajes. En las organizaciones donde los empleados sentían y expresaban su afecto a sus

2 Sigal Barsade y Olivia A. O'Neill. «What's Love Got to Do with It? A Longitudinal Study of the Culture of Companionate Love and Employee and Client Outcomes in a Long-Term Care Setting», en *Administrative Science Quarterly* 59, n.º 4. (2014).

compañeros, la gente reportó mayor satisfacción laboral, compromiso y responsabilidad personal por el desempeño en el trabajo.

Crear una cultura emocional

Para fomentar una cultura emocional determinada, necesitarás que la gente sienta las emociones valoradas por la organización o el equipo —o, al menos, que se comporten como si las sintieran—. Veamos tres métodos eficaces para lograrlo.

Aprovechar lo que la gente siente ya

Algunos empleados sentirán las emociones deseadas con bastante naturalidad. Esto puede suceder, por ejemplo, en momentos aislados de compasión o gratitud. El que esos sentimientos surjan de forma habitual es una señal de que está construyéndose la cultura que estamos buscando. Si las personas las experimentan solo ocasionalmente y necesitan ayuda para mantenerlas, puedes intentar incorporar algunos estímulos sutiles durante la jornada laboral. Por ejemplo, puedes reservar un tiempo para meditar, o instalar aplicaciones de *mindfulness* en los dispositivos de trabajo para recordarle a la gente simplemente que respire, se relaje o sonría. También puedes crear un tablero de felicitaciones, como el de una unidad de cuidados intensivos que participó en uno de nuestros estudios: la gente podía colgar en él notas con palabras amables sobre otros empleados.

Pero ¿qué puedes hacer con las emociones que resultan tóxicas para la cultura que estás tratando de implantar? Si ya existen, ¿cómo puedes desactivarlas? Esperar que la gente reprima esos sentimientos es, al mismo tiempo, ineficaz y destructivo porque las emociones surgirán más tarde y será de manera contraproducente. Es importante escuchar cuando los empleados expresan sus preocupaciones, para que sientan que se les atiende. Eso no quiere decir que animes a la gente a desahogarse, o que dejes que las emociones fluyan sin más, sin resolver los problemas que las provocan. De hecho, las investigaciones muestran que, cuando la gente se desahoga durante períodos prolongados, pueden aparecer resultados negativos. Es mejor ayudar a los empleados a que se replanteen las situaciones de una manera más constructiva. Por ejemplo, la soledad, que puede afectar negativamente a las actitudes y el desempeño de los trabajadores, se aborda mejor mediante la reestructuración cognitiva, haciendo que la gente reconsidere sus puntos de vista sobre las acciones de los demás. Al valorar posibles motivaciones positivas que expliquen el comportamiento de sus colegas, las personas serán menos propensas a fijarse en las explicaciones negativas que podrían hacer que se descontrolen.

Modela las emociones que quieras fomentar

Una extensa línea de investigación sobre el contagio emocional muestra que las personas dentro de grupos «atrapan» los sentimientos de otros a través del mimetismo conductual y de posteriores cambios en su función cerebral.[3] Si habitualmente entras en una habitación sonriendo con mucha energía, es mucho más probable que crees una cultura de la alegría que si tu expresión es neutra. Los empleados te devolverán una sonrisa y empezarán a esperar que sonrías cuando te vean.

Pero los sentimientos negativos también se propagan como un fuego descontrolado. Si expresas frustración con frecuencia, esa emoción infectará a los miembros de tu equipo —y otros equipos, y así sucesivamente— en toda la organización. Antes de darte cuenta, habrás creado una cultura de la frustración.

Por tanto, da ejemplo de forma consciente de las emociones que quieres cultivar en tu empresa. Algunas organizaciones van un paso más allá y piden explícitamente a los empleados que difundan ciertas emociones. Ubiquity Retirement + Savings dice: «Inspira la felicidad con entusiasmo contagioso. Estar lleno de alegría y transmitirla».

---

3 Sigal Barsade. «The Ripple Effect: Emotional Contagion and Its Influence on Group Behavior», en Administrative Science Quarterly 47, n.º 4 (2002).

Vail Resorts dice: «Disfruta de tu trabajo y comparte ese espíritu contagioso».

Haz que la gente finja las emociones hasta que llegue a sentirlas de verdad

Aunque los trabajadores no experimenten la emoción deseada en un momento dado, aún pueden ayudar a mantener la cultura emocional de su organización. Porque la gente expresa las emociones en el trabajo tanto de forma espontánea como estratégica. Distintas investigaciones en el campo de la psicología social han demostrado desde hace tiempo que los individuos tienden a ajustarse a las normas de expresión emocional del grupo, imitando a otros por el deseo de ser queridos y aceptados. Así que, en una cultura emocional fuerte, los empleados que de otra manera no sentirían ni expresarían la emoción valorada, comenzarán a mostrarla, aunque su motivación inicial sea ser complaciente, en lugar de internalizar la cultura.

Esto beneficia a la organización, no solo a los individuos que tratan de prosperar en ella. En los primeros estudios antropológicos sobre los rituales de grupo, se observó que la expresión estratégica de emociones facilitaba la cohesión grupal, al dominar los sentimientos individuales y sincronizar el comportamiento interpersonal.

Por lo tanto, mantener la cultura apropiada a veces implica ignorar lo que realmente sientes. A través de una «actuación superficial», los empleados pueden mostrar la emoción valorada sin siquiera querer sentirla. Sin embargo, la actuación superficial no es una solución a largo plazo. Las investigaciones muestran que esto puede acabar conduciendo al agotamiento; sobre todo, si no contamos con un mecanismo para exteriorizar las verdaderas emociones.[4]

---

4 Alicia A. Grandey. «When 'The Show Must Go On': Surface Acting and Deep Acting as Determinants of Emotional Exhaustion and Peer-Rated Service Delivery», en *Academy of Management Journal* 46, n.º 1 (febrero de 2003): 86-96.

Una forma mejor de cultivar una determinada emoción es a través de una «actuación profunda». Con esta técnica, la persona hace un esfuerzo concentrado para sentirse de determinada manera, y finalmente acaba sintiéndose como pretende. Imagínate que el empleado de una firma de contabilidad tiene una emergencia familiar y solicita una semana libre justo en la temporada de auditoría fiscal. Aunque el primer pensamiento de su jefa sea: «No, no, ahora ¡no!», puede seguir una actuación profunda para cambiar sus sentimientos inmediatos de pánico justificable por otros de auténtico afecto y preocupación por su subordinado. Al esforzarse por empatizar, diciendo: «¡Claro, tienes que estar con tu familia!», y usando las expresiones faciales, el lenguaje corporal y el tono de voz que usaría al sentir esas emociones, puede llegar a sentir eso en realidad. También estaría ejemplificando un comportamiento deseable para su subordinado y para el resto del equipo.

Afortunadamente, todos estos métodos para crear una cultura emocional —tanto si implican sentir realmente la emoción o actuar de esa forma— pueden reforzarse unos a otros y reforzar las normas de la cultura. La gente no tiene que fingir siempre. Quienes comienzan expresando una emoción por un deseo de adaptarse acabarán sintiéndola a través del contagio emocional. Además recibirán un refuerzo positivo por seguir las normas, lo que hará más probable que vuelvan a mostrar esa emoción.

Por supuesto, la cultura será mucho más fuerte y será más probable que perdure si la gente realmente cree en los valores y los supuestos que la soportan. Para alguien que se siente incómodo con la cultura emocional de una organización y que ha de seguir fingiendo para tener éxito, lo mejor probablemente sea cambiar a un ambiente de trabajo diferente. Las empresas a menudo tienen más de una cultura emocional, por lo que tal vez ese empleado puede encajar en otra unidad o departamento. Pero, si la cultura es homogénea, el empleado tal vez quiera dejar la empresa.

La implementación importa a todos los niveles

Al igual que otros aspectos de la cultura organizacional, la cultura emocional se debe apoyar en todos los niveles de la organización. El papel de la alta dirección es impulsarla.

Los líderes a menudo no son suficientemente conscientes de la influencia que tienen en la creación de una cultura emocional. Traci Fenton, fundadora y CEO de WorldBlu, una firma de consultoría que trabaja sobre el miedo en el trabajo, pone el siguiente ejemplo. En una empresa de la lista *Fortune* 500, y sin el conocimiento del CEO, los empleados suelen comunicarse mediante mensajes de texto con códigos para hablar de las expresiones no verbales de ira del CEO en las reuniones. «ROJO» significa que se está sonrojando. «VENA» significa que sus venas estallan. «PPLB», que quiere decir «prepárate para la bronca», significa que está a punto de empezar a tirar cosas. Este líder es muy eficaz en la creación de una cultura emocional, pero probablemente no sea la que él pretende crear.

Por lo tanto, no subestimes la importancia de actuar como ejemplo constante. Los grandes gestos emocionales simbólicos son poderosos, pero solo si son coherentes con el comportamiento diario. Los altos ejecutivos también pueden moldear una cultura emocional a través de prácticas organizacionales. Es el caso del «despido compasivo», frecuente en las compañías que construyen una cultura de compañerismo. Carlos Gutiérrez, vicepresidente de sistemas de investigación y desarrollo de Lattice Semiconductor, estaba profundamente preocupado por el impacto que los despidos tendrían en sus empleados. Reconoció que el protocolo tradicional de recursos humanos de pedir a los trabajadores que limpiaran sus escritorios inmediatamente y abandonaran las instalaciones era especialmente doloroso para las personas que habían trabajado en la compañía durante períodos prolongados de diez o veinte años. En colaboración con sus socios de recursos humanos y de investigación y desarrollo, implementó un protocolo por el cual los empleados disponían de un tiempo extra para despedirse de sus colegas y recordar su tiempo juntos en la compañía. Sherif Sweha, el vicepresidente corporativo de investigación y desarrollo, cree que es importante que los miembros del equipo afectado de cada región reciban las noticias de un líder de alto nivel, cara a cara. Así que él y los miembros de su equipo viajaban a las sedes de la compañía en Asia para hablar en persona con todos los empleados que iban a ser despedidos, y también con los que iban a continuar en la compañía.

Aunque la alta dirección marca el primer ejemplo y establece las reglas formales, los mandos intermedios y los supervisores directos aseguran que los valores emocionales se pongan en práctica con coherencia. Puesto que una de las influencias más grandes sobre los empleados es su jefe inmediato, las sugerencias que se aplican a los altos ejecutivos también se aplican a esos gerentes: deben asegurarse de que las emociones que expresan en el trabajo reflejan la cultura elegida y deben decir explícitamente qué se espera de los empleados.

También es importante vincular la cultura emocional con las operaciones y los procesos, incluidos los sistemas de gestión del rendimiento. En Vail Resorts, la cultura de la alegría se ha incorporado a la revisión anual de rendimiento, que indica en qué grado cada empleado integra la diversión en el ambiente de trabajo y hasta qué punto todo el mundo muestra conductas que ayudan a los demás, como ser inclusivo, acogedor, accesible y positivo. Alguien que supera las expectativas se describe como alguien que, además de participar en la diversión, ofrece «recomendaciones para mejorar el entorno de trabajo para integrar la diversión».

Décadas de investigación muestran la importancia de la cultura organizacional. Sin embargo, la mayor parte de los estudios se han centrado en el aspecto mental. Como hemos mostrado, las organizaciones también tienen un pulso emocional, y los gerentes deben hacer un seguimiento atento con el fin de motivar a sus equipos y alcanzar sus objetivos.

La cultura emocional está determinada por la forma en que todos los empleados —desde los de mayor responsabilidad hasta los que ocupan las líneas del frente— se comportan día tras día. Pero está en la mano de los altos directivos la responsabilidad de establecer qué emociones ayudarán a la organización a prosperar, de modelar esas emociones y de recompensar a los demás por hacer lo mismo. Las empresas en las que los directivos hacen esto tienen mucho que ganar.

SIGAL BARSADE

Profesora de la cátedra Joseph Frank Bernstein de gestión en Wharton.

OLIVIA A. O'NEILL

Profesora asistente de administración en la Universidad George Mason e investigadora del Centro para el Avance del Bienestar de la facultad.

Capítulo 33

Enfocarse en uno mismo, en los demás y en el mundo

Daniel Goleman

Una de las principales tareas del liderazgo consiste en dirigir la atención. Pero para lograrlo, lo primero que debe hacer un líder es aprender a enfocar la suya. Normalmente, cuando hablamos de enfocar la atención, nos referimos a ignorar las distracciones que afectan cualquier actividad. Pero un gran número de estudios recientes indica que nos enfocamos de distintas maneras, con propósitos diferentes y apoyándonos en múltiples redes neuronales —entre las cuales unas trabajan colaborativamente y otras, en oposición—.

Agrupar estos modos de atención en tres grandes grupos —enfocarse en *uno mismo*, enfocarse en *los demás* y enfocarse en *el mundo*— permite arrojar nueva luz en la práctica de muchas de las habilidades esenciales para el liderazgo. Enfocarse constructivamente en uno mismo y en los demás permite que los líderes cultiven los elementos principales de la inteligencia emocional. Y una comprensión amplia de cómo se relacionan con el resto del mundo les permite mejorar sus habilidades para diseñar estrategias, ser innovadores y tomar responsabilidades.

Todos los líderes deben mejorar estos tres niveles de conocimiento de forma constante y equilibrada. Porque, si fracasan en el enfoque introspectivo, se encontrarán sin rumbo; si fracasan enfocándose en los demás, perderán sus referencias, y si fracasan enfocándose en el mundo, pueden quedar aislados.

Enfocarse en uno mismo

La inteligencia emocional empieza con tomar conciencia de uno mismo —contactar con nuestra voz interior—. Los líderes que prestan atención a su voz interior son capaces de aprovechar más recursos para tomar mejores decisiones y conectar con su ser auténtico. Pero, en realidad, ¿qué significa esto? Entender cómo se enfoca la gente en sí misma puede ayudar a definir este concepto un tanto abstracto.

La autoconciencia

Escuchar tu voz interior es una forma de prestar atención a las señales psicofisiológicas internas. Estas sutiles señales están controladas por la ínsula, una estructura del cerebro que está ubicada detrás de los lóbulos frontales. Si diriges la atención a cualquier parte de tu cuerpo, automáticamente, la ínsula aumenta su sensibilidad. Por ejemplo, si enfocas tu atención en el latido de tu corazón, la ínsula activa más neuronas relacionadas con ese circuito. De hecho, un indicador para medir la autoconciencia es la habilidad que cada uno tiene para sentir los latidos de su corazón.

Los instintos son impulsos que provienen de la corteza insular y de la amígdala cerebral, a los cuales Antonio Damasio, neurocientífico de la Universidad de Carolina del Sur, denomina «marcadores somáticos». Estos impulsos son sensaciones que indican si algo anda bien o mal. Los marcadores somáticos simplifican la toma de decisiones porque dirigen tu atención hacia las mejores alternativas. No son infalibles —¿cuántas veces experimentaste la sensación de haberte dejado la estufa encendida?—, por eso, si somos capaces de entenderlos, lograremos optimizar el funcionamiento de nuestra intuición (ver recuadro «¿Pretendes pasar de largo este recuadro?»).

¿PRETENDES PASAR DE LARGO ESTE RECUADRO?

¿Te cuesta recordar lo que alguien te ha dicho en una conversación? ¿Conduces hacia el trabajo con el piloto automático? ¿Estás más enfocado en tu teléfono móvil que en la persona con la que estás comiendo?

La atención es un músculo mental; y, como cualquier otro músculo, debe fortalecerse con los ejercicios adecuados. El aspecto fundamental para construir una atención intencionada es simple: cuando tu mente se disperse, detecta que está divagando y llévala de vuelta al objeto de enfoque; una vez enfocada, mantenla fija tanto tiempo como puedas. Este ejercicio tan básico es, en esencia, la raíz de cualquier tipo de meditación. La meditación aumenta la concentración y la tranquilidad, y facilita la recuperación tras episodios de estrés y tensión.

Existe un videojuego desarrollado por un grupo de neurocientíficos llamado *Tenacity*. El juego propone un viaje placentero por media docena de escenarios distintos, desde un árido desierto hasta una fantástica escalera en espiral que se dirige hacia el cielo. En el nivel principiante, solo debes pulsar la pantalla del iPad con un dedo cada vez que exhalas; el reto consiste en golpear la pantalla con dos dedos cada cinco respiraciones. A medida que vas superando los niveles, los escenarios presentan más distracciones —un helicóptero aparece en el cielo, un avión ejecuta una pirueta o una bandada de pájaros aparece de la nada—.

Cuando los jugadores se sincronizan con el ritmo de su respiración, experimentan el fortalecimiento de la atención selectiva como una sensación de enfoque tranquilo, como si estuvieran meditando. La Universidad de Standford está explorando esa conexión en su Calming Technology Lab, que se dedica a desarrollar dispositivos que ayudan a la relajación. Por ejemplo, si tener la bandeja de entrada del correo electrónico llena te provoca lo que se llama «apnea del correo electrónico», una de estas aplicaciones para iPhone puede ayudarte, mediante los ejercicios apropiados, a calmar tu respiración y tu mente.

Por ejemplo, analiza los resultados de las entrevistas a 118 vendedores profesionales y a 10 altos directivos de los bancos de inversión de la City de Londres que llevó a cabo un grupo de investigadores británicos. Los vendedores más exitosos —cuyos ingresos anuales ascendían a 500.000 libras— no fueron ni los que se apoyaron únicamente en los datos analíticos ni los que confiaron ciegamente en sus instintos. En realidad, se enfocaron en un amplio rango de emociones que usaron para valorar el juicio de su intuición. Cuando sufrieron pérdidas, procesaron su ansiedad, se volvieron más cautos y asumieron menos riesgos. En cambio, los vendedores con menos éxito —cuyos ingresos anuales ascendían a 100.000 libras— solían ignorar su ansiedad y seguían adelante con sus instintos. Esa fue la razón por la que no lograron los mismos resultados: no escucharon el cúmulo de señales internas, por lo que tomaron peores decisiones.

Prestar atención a nuestras impresiones sensoriales en cada momento es uno de los elementos más importantes de la autoconciencia. Pero también es crucial para el liderazgo saber convertir las experiencias vitales en una visión coherente de nuestro auténtico ser.

Ser auténtico significa ser la misma persona en todo momento; es decir, tanto a solas con uno mismo como con los demás. En parte, eso implica prestar atención a lo que los otros piensan de ti; en especial, a qué impresión tienen de ti aquellas personas cuya opinión valoras y que serán sinceras contigo. Para ello, una forma de enfoque útil puede ser la *conciencia abierta*, en la cual percibimos en toda su amplitud lo que sucede a nuestro alrededor sin quedar atrapados o arrollados por ninguna cosa en particular. De este modo no juzgamos, censuramos o ignoramos ningún comentario, simplemente los percibimos.

Este método puede resultar un tanto incómodo para aquellos líderes que están acostumbrados a dar únicamente su opinión y a rechazar cualquier consejo. Normalmente, una persona que tiene problemas para mantener la mente abierta a menudo se verá atrapada en los pequeños detalles y se irritará enseguida, como cuando aguardamos el lento avance de los viajeros en la cola de facturación de un aeropuerto. Una persona que es capaz de mantener su atención de forma abierta, observará la lentitud de los pasajeros pero no se preocupará por ello, y se enterará más de todo lo que le rodea (ver el recuadro «Expande tu conciencia»).

EXPANDE TU CONCIENCIA

Del mismo modo en que las lentes de una cámara pueden reducir el enfoque para ajustarse a los detalles o aumentarlo para captar una vista panorámica, tú eres capaz de hacer lo mismo.

Una forma para detectar a aquellos que tienen una conciencia abierta es esta: muéstrales una lista de letras y números como esta: S, K, O, E, 4, T, 2, H, P. Cuando le echen un vistazo, muchos detectarán el primer número, el cuatro. Luego, su atención disminuirá, y es probable que pasen por alto el segundo número. Quienes tienen una conciencia abierta detectarán ambos números.

Fortalecer la habilidad de mantener una conciencia abierta a veces requiere que los líderes practiquen comportamientos que se contradicen con su propia lógica, como renunciar a la voluntad de no tener el control, no dar sus propios puntos de vista o no juzgar a los demás. En realidad, más que una acción determinada, es un cambio de actitud.

Para realizar este cambio, un método útil consiste en acudir al clásico poder del pensamiento positivo, porque el pesimismo reduce nuestro enfoque, mientras que las emociones positivas expanden nuestra atención y nuestra receptividad a lo nuevo e inesperado. Una forma fácil de entrar en el modo positivo es preguntarse: «Si todo funciona perfectamente, ¿qué estaré haciendo al cabo de diez años?». ¿Por qué es efectiva esta pregunta? Porque, como ha descubierto Richard Davidson, neurocientífico de la

Universidad de Wisconsin, cuando estás de buen humor, el área prefrontal izquierda de tu cerebro se ilumina. Precisamente esa misma área es la que se encarga de albergar el circuito que nos recuerda lo satisfechos que estamos cuando logramos alcanzar alguna meta a largo plazo.

Richard Boyatzis, psicólogo de la Case Western Reserve, asegura que: «Hablar de objetivos e ilusiones en positivo activa los centros cerebrales que te abren a nuevas posibilidades. Pero, si centras tu discurso en lo que debes hacer para solucionar o arreglar algo tuyo, ocurre lo contrario. Los elementos negativos son necesarios para sobrevivir, pero los positivos, para prosperar».

De todos modos, el que estés abierto a los comentarios externos no garantiza que te vayan a proporcionar tal información. Desgraciadamente, la vida nos ofrece pocas oportunidades para saber cómo nos ven realmente los demás, y menos aún para los ejecutivos a medida que se asciende en la jerarquía laboral. Quizá por eso, uno de los cursos más populares y con más matriculaciones de la Escuela de Negocios de Harvard es el del Desarrollo Auténtico del Liderazgo de Bill George, en el que él mismo ha creado unos grupos que llama «el verdadero norte» para aumentar el conocimiento de la autoconciencia.

Estos grupos —a los que puede acceder todo el mundo— se basan en el postulado de que el autoconocimiento comienza con la autorrevelación. En consecuencia, son abiertos e íntimos; como explica George: «Un lugar seguro, donde los miembros pueden discutir asuntos personales que no ven la posibilidad de plantear en otro lugar, ni siquiera con los miembros más cercanos de sus familias». ¿Para qué sirven? «No sabemos quiénes somos hasta que no escuchamos cómo contamos la historia de nuestra vida a aquellos que queremos», asegura George. Es una forma estructurada de encajar la visión de nosotros mismos con la visión que tienen nuestros más fieles compañeros; una revisión externa de nuestra autenticidad.

Autocontrol

El «control cognitivo» es el término científico para enfocar y mantener la atención donde uno quiere a pesar de las múltiples distracciones. Este enfoque es unos de los aspectos de la función ejecutiva del cerebro, que se encuentra en el córtex prefrontal. El término coloquial es «la fuerza de voluntad».

El control cognitivo permite que los directivos persigan un objetivo concreto a pesar de las distracciones y los contratiempos. El mismo circuito neuronal que habilita esta búsqueda de objetivos también se encarga de las emociones descontroladas. Las personas que mantienen la calma en una crisis, controlan la ansiedad y se reponen de los fracasos y las derrotas son un buen ejemplo de control cognitivo.

Décadas y décadas de investigación han demostrado la importancia que tiene la fuerza de voluntad para lograr un liderazgo exitoso. Resulta especialmente interesante un estudio exhaustivo sobre el recorrido vital de 1.037 niños nacidos en un mismo año en la ciudad neozelandesa de Dunedin, llevado a cabo en los años setenta. A lo largo de su infancia, aquellos niños fueron sometidos a varias pruebas que evaluaron su fuerza de voluntad, incluida la famosa prueba del malvavisco del psicólogo Walter Mischel —la elección entre comer un malvavisco de inmediato u obtener dos si eres capaz de esperar 15 minutos—. En el experimento de Mischel, aproximadamente un tercio de los niños cogía la golosina al instante, otro tercio era capaz de esperar un poco más, y el último tercio lograba resistir el cuarto de hora entero.

Años más tarde, cuando los niños del estudio de Dunedin ya habían superado la treintena, los investigadores descubrieron que aquellos que habían mostrado un mayor control cognitivo para resistirse a la tentación de coger el malvavisco, estaban más sanos, tenían más éxito financiero y mostraban más respeto por la ley que aquellos que habían sido incapaces de resistirse. En realidad, los análisis estadísticos muestran que el nivel de autocontrol de un niño es un medidor más fiable del éxito financiero que el coeficiente intelectual, la clase social, la familia o las circunstancias.

Según Mischel, la forma en la que nos enfocamos es la clave para mostrar nuestra fuerza de voluntad. Cuando se opone el autocontrol a la autosatisfacción, entran en juego tres subvariedades del control cognitivo: la capacidad de desviar voluntariamente tu atención de un objeto de deseo; la resistencia a las distracciones o a volver a caer en ellas; y la capacidad de concentrarse en las metas futuras e imaginarse la satisfacción que produce lograrlas. Ya como adultos, los niños de Dunedin podrían haber sido rehenes de su yo infantil; pero, gracias a que la capacidad para enfocarnos puede desarrollarse, no sucedió exactamente eso (ver el recuadro «Aprende a autocontrolarte»).

APRENDE A AUTOCONTROLARTE

Fíjate: A continuación, aparece una prueba de control cognitivo. ¿Hacia dónde apuntan las flechas que se encuentran en el medio de cada fila?

→→→←←
→←←←←
→→←→→

Esta prueba, el test de Eriksen Flanker, calibra tu susceptibilidad a las distracciones. Cuando se efectúa bajo condiciones de laboratorio, se pueden detectar diferencias de una milésima de segundo en la velocidad con la que los sujetos perciben la dirección hacia la que apuntan las flechas del medio. Cuanto más fuerte es tu control cognitivo, menos susceptibles eres a las distracciones.

Las actuaciones para fortalecer el control cognitivo pueden ser tan poco sofisticadas como el juego del *Simon Says* o el del Semáforo —en realidad, cualquier juego en el que necesites controlar tus actos en el momento adecuado—. Las investigaciones apuntan que, cuanto mejor juegue un niño al juego de las sillas musicales, más fuertes serán sus conexiones prefrontales para el control cognitivo.

La enseñanza del método de aprendizaje social y emocional (SEL) que se usa para fortalecer el control cognitivo en escuelas a lo largo y ancho de Estados Unidos sigue el mismo principio. Cuando un niño se enfrenta a una situación complicada se le aconseja que piense en el color de una luz de un semáforo. La luz roja indica que debe detenerse, calmarse y pensar antes de actuar. La amarilla, que disminuya el ritmo y reflexione sobre posibles soluciones. Y la verde, que ponga en práctica el plan y evalúe cómo funciona. Pensar en estos términos permite a los niños usar el comportamiento deliberado que proviene del córtex prefrontal, en vez de hacer uso de los impulsos de la amígdala.

Aunque nunca es demasiado tarde para que los adultos también fortalezcan esos circuitos. Las sesiones diarias de práctica de mindfulness funcionan de manera similar a las Sillas Musicales o al SEL. En estas sesiones enfocas tu atención en la respiración, y practicas el rastreo de tus pensamientos y tus emociones sin dejarte arrastrar por ellos. Cuando te des cuenta de que tu mente está divagando, tan solo debes reconducirla hacia el ritmo de tu respiración. Parece fácil, pero pruébalo durante diez minutos y verás que tienes mucho margen de mejora.

Enfocarse en los demás

La palabra «atención» proviene del vocablo latino *attendere*, que significa atender. En realidad, es una definición perfecta para poder enfocarse en los demás, que es la base de la empatía y de la capacidad para construir relaciones sociales —el segundo y el tercer pilar de la inteligencia emocional—.

Los directivos que se enfocan efectivamente en los demás son fáciles de reconocer. Son los que encuentran un espacio común donde relacionarse, los que aportan las opiniones más valoradas y con los que las otras personas quieren trabajar. Surgen como líderes naturales, independientemente de su jerarquía o su clase social.

La tríada de empatía

Por lo común, cuando hablamos de la empatía nos referimos a un solo atributo en particular. Pero una mirada más minuciosa de adónde enfocan la atención los líderes cuando muestran empatía revela tres tipos distintos de esta, todos y cada uno de ellos de vital importancia para la eficacia del liderazgo:

- *Empatía cognitiva:* la habilidad para entender el punto de vista de otra persona.
- *Empatía emocional:* la habilidad para experimentar los sentimientos de otra persona.
- *Preocupación empática:* la habilidad para percibir lo que una persona necesita de ti.

La *empatía cognitiva* permite que los líderes se expliquen de manera significativa —una característica imprescindible para obtener el mejor rendimiento de sus colaboradores—. En contra de lo que puedas pensar, practicar la empatía cognitiva implica que los líderes reflexionen sobre los sentimientos, más que sentirlos directamente.

Una actitud inquisitiva fomenta la empatía cognitiva. Como explicaba un exitoso empresario: «Siempre quiero aprenderlo todo, entender a cualquier persona que tenga a mi alrededor: qué piensa, qué hace, por qué hace lo que hace, qué estrategias usa y si son útiles o no». Pero la empatía cognitiva también es una consecuencia de la autoconciencia. Los circuitos ejecutivos que nos dan la facultad de reflexionar sobre nuestros propios pensamientos y analizar los sentimientos que emergen de ellos también nos permiten aplicar el mismo razonamiento para entender a las otras personas cuando decidimos dirigir la atención en ese sentido.

La *empatía emocional* es determinante para el asesoramiento, la gestión de clientes e interpretar dinámicas de grupo. Brota de las partes más arcaicas del cerebro que se encuentran por debajo de la corteza cerebral —la amígdala, el hipotálamo, el hipocampo y el córtex orbitofrontal—, y nos permite experimentar y actuar más rápidamente sin tener que recurrir al pensamiento. Es capaz de conectarnos replicando en nuestros cuerpos los estados emocionales de los demás: literalmente, puedo experimentar tu dolor. Mis patrones cerebrales se ajustan a los tuyos cuando escucho cómo me cuentas una historia fascinante. Como dice Tanya Singer, la directora del departamento de neurociencia del Instituto Max Planck para las Ciencias Cognitivas Humanas y del Cerebro de Leipzig: «Necesitas comprender tus sentimientos para entender los sentimientos de los demás». El acceso a tu capacidad para la empatía emocional depende de combinar dos tipos de atención: un foco intencionado en los sentimientos de otra persona y una conciencia abierta para captar la voz, el rostro u otros signos externos de sus emociones (ver recuadro «Cuando la empatía es necesaria»).

CUANDO LA EMPATÍA ES NECESARIA

La empatía emocional puede cultivarse. Esta es la conclusión a la que llegó una investigación dirigida por Helen Riess, la directora del Programa de Empatía y Ciencia Relacional del Hospital General de Massachusetts. Riess desarrolló un programa que ayudaba a los médicos a analizarse y a enfocarse mejor, usando la respiración profunda y diafragmática para mejorar su objetividad —es decir, para alcanzar una visión panorámica de los hechos, en vez de perderse entre sus pensamientos y sus sentimientos—. Como diría Riess: «Apartar todo lo que te rodea para observar lo que realmente está sucediendo te ofrece la oportunidad de ser completamente consciente de tus acciones sin ser esclavo de las reacciones que experimentas. [...] De este modo, puedes darte cuenta de si tu propia psicología está saturada o equilibrada». Por ejemplo, que un doctor se dé cuenta de que está irritado puede ser una señal de que el paciente también está molesto.

Según Riess, aquellos que se encuentran totalmente perdidos o en un punto muerto pueden ser capaces de estimular su empatía emocional actuando como si la otra persona les importara de verdad. Si actúas de una manera cuidadosa —mirando a la gente a los ojos y prestando atención a sus expresiones, aunque no quieras hacerlo— puedes empezar a experimentar este tipo de empatía.

La *preocupación empática*, que está estrechamente relacionada con la empatía emocional, no solo te permite experimentar los sentimientos de los demás, sino que también te concede la capacidad de saber qué quieren los demás de ti. En realidad, es lo que le pedirías a tu doctor o a tu pareja, pero también a tu jefe. La preocupación empática tiene sus raíces en los circuitos que obligan a los padres a hacerse cargo de sus hijos. Observa adónde se dirigen los ojos de la gente cuando alguien entra en una habitación con un bebé adorable, y podrás comprobar cómo entra en acción ese circuito cerebral tan genuino en los mamíferos.

Una de las teorías neuronales afirma que esta respuesta se origina en la amígdala, cuando el cerebro percibe algún peligro, y en el córtex prefrontal mediante la liberación de oxitocina, una sustancia química relacionada con los comportamientos sociales. Esto significa que la preocupación empática es un arma de doble filo. De forma intuitiva experimentamos la angustia del otro como si fuera nuestra, pero, cuando decidimos si vamos a satisfacer sus necesidades, sopesamos voluntariamente cuánto valoramos su bienestar.

Lograr que esa mezcla entre intuición y reflexión sea la correcta tiene grandes consecuencias. Aquellos que se dejan llevar por la intuición y los sentimientos sin reflexionar sobre ellos pueden sufrir más de lo necesario. En las profesiones que brindan atención a los demás, este factor puede llegar a desencadenar una «fatiga por compasión»; en los ejecutivos, puede provocar ansiedad por intentar controlar a personas o circunstancias que se encuentran más allá de su control. Pero, por otro lado, aquellos que se protegen escondiendo sus sentimientos pueden llegar a perder todo contacto con la empatía. La preocupación empática exige que gestionemos nuestra aflicción sin que nos quedemos atrapados en el dolor de los demás (ver el recuadro «Cuando la empatía debe controlarse»).

CUANDO LA EMPATÍA DEBE CONTROLARSE

Controlar nuestro impulso para empatizar con los sentimientos de otras personas puede hacernos tomar mejores decisiones cuando el flujo emocional de alguien es capaz de abrumarnos.

En general, cuando vemos que a alguien lo están pinchando con una aguja, nuestro cerebro emite una señal que indica que nuestros propios centros del dolor están recordando esa angustia. Pero los médicos aprenden en sus etapas formativas a bloquear esta respuesta automática. Al parecer, su "anestesia de la atención" procede de la unión temporoparietal y de la corteza prefrontal: unas estructuras que estimulan la concentración y dejan de lado las emociones. Precisamente, es el mismo mecanismo que se activa cuando te distancias de los demás para mantener la calma y poder ayudarlos. Esa misma red neuronal adquiere protagonismo cuando observamos un problema en un ambiente emocionalmente alterado y necesitamos enfocarnos para encontrar una solución. Si hablas con alguien que está molesto por algo, ese sistema te ayuda a entender intelectualmente su punto de vista cambiando tu empatía emocional por la cognitiva.

Asimismo, algunos estudios de laboratorio sugieren que la aplicación correcta de la preocupación empática es determinante para realizar juicios morales. Los escáneres cerebrales han revelado que, cuando los participantes de esos estudios escuchaban relatos de gente sometida a algún tipo de dolor físico, los centros encargados de experimentar el dolor de su propio cerebro se encendían. Sin embargo, no ocurría lo mismo cuando se trataba de un dolor psicológico. En este caso, los centros neurálgicos relacionados con la preocupación empática y la compasión tardaban mucho más en activarse. Se necesita más tiempo para entender las dimensiones psicológicas o morales de una situación. Además, cuantas más distracciones nos afecten, menos capacidad tendremos para cultivar las sutiles formas de la empatía y la compasión.

Construir relaciones

La gente que no tiene sensibilidad social es fácil de detectar; al menos, para las otras personas. Es gente incapaz de entender a los demás. Por ejemplo, el típico director financiero que maltrata, margina o trata injustamente a los empleados —que además, al ser incapaz de admitir errores, se enfada y culpa a los demás— no pretende ser un cretino; simplemente es incapaz de reconocer sus defectos.

Al parecer, la sensibilidad social está estrechamente relacionada con la empatía cognitiva. Los ejecutivos con empatía cognitiva consiguen un mejor rendimiento cuando trabajan en el extranjero, porque son capaces de percibir las normas implícitas de cada situación y aprender los modelos mentales de una nueva cultura. Entender un contexto social nos permite aplicar nuestras habilidades sea donde sea. De forma instintiva somos capaces de respetar las normas universales del protocolo y comportarnos de manera que los demás se sientan cómodos —en otra época, esta habilidad era descrita como «tener buenos modales»—.

Los circuitos que trabajan en el hipocampo son los encargados de descifrar los contextos sociales y nos guían intuitivamente para que nuestra conducta sea la apropiada cuando estamos con nuestros amigos, con nuestros compañeros de trabajo o con la familia. En realidad, el córtex frontal es el encargado de aplacar los impulsos que podrían llevarnos a cometer algo inapropiado. Por ello, las pruebas cerebrales que miden la sensibilidad en un contexto también nos permiten evaluar las funciones del hipocampo. Richard Davidson, neurólogo de la Universidad de Wisconsin, opina que las personas más preparadas para entender los contextos sociales muestran más actividad y conexiones entre el hipocampo y el córtex prefrontal que aquellas que no logran entenderlos o descifrarlos.

Además, esos mismos circuitos son los que probablemente juegan un papel esencial para comprender las redes sociales de un grupo —una habilidad que nos permitirá movernos de forma efectiva en un grupo—. Las personas más dotadas para la influencia organizacional no solo son capaces de percibir el flujo de las conexiones personales, sino que también detectan a aquellas personas cuyas opiniones tienen mayor influencia, para enfocarse en ellas y multiplicar el alcance de sus ideas.

Sorprendentemente, las investigaciones sugieren que a medida que las personas ascienden en la jerarquía organizacional y logran más poder, su capacidad para percibir y mantener conexiones personales acostumbra a sufrir una especie de desgaste psíquico. Un estudio de Dacher Keltner, psicólogo de la Universidad de Berkeley, reveló que las personas que ocupan una posición laboral más elevada prestan menos atención a las personas de menor jerarquía y tienden a interrumpir o monopolizar la conversación.

De hecho, prestar atención a las relaciones de poder en una organización nos indica claramente la jerarquía de esta: cuanto más tiempo tarda «A» en responder a «B», más poder relativo tiene «A» sobre «B». En realidad, si analizas los tiempos de respuesta de una organización, obtendrás un esquema extraordinariamente preciso de la jerarquía que rige en ella. El jefe deja los correos electrónicos sin respuesta durante horas; en cambio, los subalternos responden en cuestión de minutos. Es algo tan predecible que la Universidad de Columbia ha desarrollado un algoritmo llamado «detección de la jerarquía social automatizada». Además, supuestamente, las agencias de inteligencia están aplicando este mismo algoritmo en las redes de las presuntas bandas terroristas para descifrar las cadenas de influencia e identificar a los personajes clave.

Pero lo verdaderamente importante es que la posición jerárquica que nos adjudicamos determina la atención que prestamos en nuestras relaciones. Este hecho debería servir de advertencia para muchos ejecutivos que deben responder rápidamente a situaciones competitivas mediante la gestión del amplio abanico de ideas y talento que brota de su organización. Porque, si no prestan la atención adecuada, su inclinación natural puede llevarlos a ignorar las ideas talentosas de los subalternos de menor rango.

Enfocarse en el mundo

Los líderes con un fuerte enfoque externo no solo son buenos oyentes, también son buenos interrogadores. Son visionarios que pueden prever las consecuencias futuras de las decisiones que se toman y pueden imaginar cómo se desarrollarán en el futuro. Son capaces de obtener información sumamente útil de datos que aparentemente no guardan ninguna relación con sus objetivos principales. Melinda y Bill Gates expusieron un ejemplo realmente convincente cuando Melinda comentó en una entrevista de televisión que su marido era el tipo de persona que se leería sin problema un libro entero sobre fertilizantes. Entonces, Charlie Rose le preguntó: «¿Por qué fertilizantes?». La conexión era obvia para Bill, que está constantemente buscando avances tecnológicos que salven vidas a gran escala, y respondió: «Muchos millones de personas habrían muerto si no se utilizaran los fertilizantes».

Enfocarse en una estrategia

El temario de cualquier escuela de negocios que trate el tema de la estrategia incluirá dos elementos básicos: la explotación de tus ventajas actuales y la exploración de nuevas ventajas. Los resultados de los escáneres cerebrales que se realizaron a 63 participantes experimentados en la toma de decisiones que utilizaban, o alternaban, estrategias de explotación o exploración revelaron los circuitos cerebrales que participan en ambos procesos. Como no podía ser de otro modo, las estrategias de explotación requieren de concentración para el trabajo inmediato; en cambio, las estrategias de exploración exigen mantener una conciencia abierta para reconocer las nuevas posibilidades. Por ello, la explotación de tus recursos va acompañada de actividad en los circuitos del cerebro relacionados con la anticipación y la recompensa. En otras palabras, favorece la ejecución de tareas rutinarias. Pero no es así para la exploración de nuevas oportunidades. Para ello es necesario hacer un deliberado esfuerzo cognitivo, para que nuestra mente renuncie a los circuitos rutinarios y pueda vagar libremente en busca de nuevos caminos.

¿Qué nos impide realizar ese esfuerzo? La privación del sueño, el alcohol, el estrés o la saturación mental interfieren directamente con los circuitos ejecutivos encargados de realizar ese cambio cognitivo. Para enfocarnos hacia el exterior y ser innovadores, necesitamos un tiempo ininterrumpido para reflexionar y refrescar nuestro enfoque.

Las fuentes de la innovación

En una época en la que casi todo el mundo tiene acceso a la misma información, los nuevos valores surgen de organizar ideas de forma novedosa y de hacer preguntas inteligentes que desplieguen un potencial sin explotar. Durante los instantes previos a las revelaciones o las inspiraciones creativas, nuestro cerebro muestra un aumento en un tercio de segundo de las ondas gamma, lo que indica que las células cerebrales se encuentran sincronizadas. Cuantas más neuronas estén en sincronía, mayor será ese aumento. Esa sincronización sugiere que en tu cerebro se está formando una nueva red neuronal, probablemente gracias a la creación de nuevas asociaciones.

Pero sería exagerado afirmar que las ondas gamma son el secreto de la creatividad. Un modelo clásico de la creatividad expone cómo los distintos modos de atención desempeñan un papel determinante para alcanzarla. En primer lugar, debemos preparar nuestra mente reuniendo una amplia, variada y pertinente cantidad de información. Luego, podemos alternar entre concentrarnos intencionadamente en un problema o dejar que nuestra mente se disperse libremente. Estas actividades se traducen aproximadamente en una vigilancia que nos permite estar atentos a todo lo que sea relevante para el problema cuando nos sumergirnos en todo tipo de información, en una atención selectiva hacia el desafío creativo específico y en una conciencia abierta que permite a nuestras mentes asociar libremente y que la solución surja espontáneamente. (Por este motivo, las buenas ideas siempre se nos ocurren en la ducha, en el parque o cuando salimos a correr).

El discutible talento de reconocer sistemas

Si a un grupo de personas les dejas echar un vistazo a una fotografía con muchos puntos y les preguntas cuántos puntos tiene, los integrantes del grupo que realicen las mejores estimaciones suelen ser los pensadores de sistemas más potentes. Esta curiosa habilidad se manifiesta en aquellas personas que son buenas diseñando software, líneas de ensamblaje, organizaciones matriz o soluciones para salvar sistemas fallidos —en realidad, es un talento muy poderoso—. Al fin y al cabo, estamos rodeados de sistemas extremadamente complejos. Pero Simon Baron-Cohen, psicólogo de la Universidad de Cambridge, sugiere que para un pequeño, pero importante, número de personas, la capacidad de entender los sistemas va unida a un déficit de empatía; es decir, un punto débil para reconocer lo que las otras personas piensan o sienten, y para entender los contextos sociales. Por esta razón, aunque las personas con un conocimiento más desarrollado en los sistemas son activos imprescindibles en una organización, no son necesariamente líderes efectivos.

En relación con este aspecto, un ejecutivo de un banco me explicó que había creado un régimen de ascensos específico para que los analistas de sistemas pudieran progresar profesionalmente, en el que solamente se evalúan sus capacidades en el análisis de sistemas. De este modo, el banco podía trabajar oportunamente con ellos, mientras recluta a líderes de otro colectivo, uno en el que hubiera personas con inteligencia emocional.

Juntar todas las piezas

Para aquellos que no quieren acabar compartimentados como en el ejemplo anterior, el mensaje queda claro. Un líder enfocado no es una persona obsesionada con las tres grandes prioridades del año. Tampoco lo es una que es brillante en el análisis de sistemas o una que está en perfecta sintonía con la cultura de la empresa. En realidad, los líderes enfocados pueden gestionar todos los registros que requieran de su atención: están en contacto con sus sentimientos, controlan sus impulsos, son conscientes de la imagen que proyectan, entienden lo que los demás necesitan de ellos y pueden deshacerse de las distracciones o dejar que su mente vague libremente y sin prejuicios.

Sin duda, es un auténtico reto. Porque, si el auténtico liderazgo fuera una cuestión de seguir al pie de la letra unas instrucciones, los grandes líderes serían mucho más comunes. Prácticamente, cualquier modo de atención puede mejorarse. Lo que se necesita no es tanto el talento como la perseverancia: la voluntad de ejercitar los circuitos de atención del cerebro de la misma manera que ejercitamos nuestras habilidades analíticas u otros sistemas del cuerpo.

A menudo, la conexión entre la atención y la excelencia permanece oculta gran parte del tiempo. Pero, aun así, la atención es la base de la mayoría de las habilidades esenciales del liderazgo —emocionales, organizativas o de inteligencia estratégica—. Además, nunca ha estado tan amenazada como en la actualidad. La constante avalancha de información propicia tomar atajos imprecisos —atender nuestro correo electrónico leyendo solo el asunto, omitir muchos de nuestros mensajes de voz, ojear memorandos e informes, etc.—. No solo mengua la efectividad en nuestros hábitos de atención, sino que la ingente cantidad de mensajes nos deja muy poco tiempo para reflexionar sobre lo que significan realmente. Herbert Simon, Premio Nobel en Economía, ya lo predijo. En 1971 escribió: «La información consume la atención de sus destinatarios».

Mi objetivo aquí es situar la atención en el centro del escenario para que puedas dirigirla adonde la necesites y cuando lo necesites. Aprende a dirigir tu atención, y controlaras dónde tú y tu compañía estáis enfocados.

DANIEL GOLEMAN

Codirector del Consorcio para la Investigación de la Inteligencia Emocional en las Organizaciones de la Universidad de Rutgers, y coautor de *Primal leadership: unleashing the power of emotional intelligence* (Harvard Business Review Press, 2013). Su último libro es *Altered traits: science reveals how meditation changes your mind, brain, and body.*

Índice

Notas

Notas

Notas

Notas

Notas

Notas

Notas

Notas

SÉ MÁS FELIZ de DANIEL G. AMEN

El Dr. Daniel Amen revela en *Sé más feliz* siete secretos neurocientíficos para aumentar tu felicidad en solo 30 días. Basado en más de 200.000 escáneres cerebrales, identifica cinco tipos de cerebro y ofrece estrategias personalizadas y prácticas para mejorar el bienestar emocional, tomar mejores decisiones y vivir con propósito, claridad y equilibrio duradero.

MEJORA TU CEREBRO CADA DÍA de DANIEL G. AMEN

366 prácticas diarias para mejorar tu cerebro, tu mente y tu vida. Daniel G. Amen, psiquiatra y neurocientífico con más de 40 años de experiencia, comparte hábitos diarios para mejorar el cerebro, potenciar la memoria y aumentar la felicidad. Estos hábitos promueven la gestión de la mente, la superación del estrés, la búsqueda de propósito y el aprendizaje para una vida saludable y exitosa.

CÓMO CRIAR HIJOS CON FORTALEZA MENTAL de DANIEL AMEN

El Dr. Daniel Amen y el Dr. Charles Fay fusionan neurociencia, amor y lógica en este innovador libro sobre crianza. Proporcionan herramientas prácticas para abordar problemas de comportamiento, ayudando a los niños a ser responsables, resilientes y capaces de tomar buenas decisiones. Los padres aprenderán a fomentar la salud mental y el potencial de sus hijos.

NUTRIVORE de SARAH BALLANTYNE

Nutrivore, de la Dra. Sarah Ballantyne, es la guía definitiva para comer mejor sin hacer dietas restrictivas. Descubre cómo llenar tu plato de alimentos ricos en nutrientes, sin contar calorías ni renunciar al placer de comer. Con consejos prácticos, efectivos y basados en ciencia, mejorarás tu salud, tendrás más energía y disfrutarás cuidándote sin complicaciones ni estrés.

LAS LEYES DIARIAS de ROBERT GREENE

Durante 25 años, Robert Greene ha ofrecido lecciones sobre aspectos humanos como el poder, la seducción, la estrategia y la psicología. *Las leyes diarias* recopila su sabiduría en 366 meditaciones, una para cada día del año, que abarcan temas como el liderazgo, la adversidad y la productividad, entre otros. Ryan Holiday se inspiró en este libro para escribir su bestseller *Diario para estoicos*.

DIARIO PARA PADRES ESTOICOS de RYAN HOLIDAY

Del autor del bestseller 'Diario para estoicos', presentamos este nuevo libro, especialmente dirigido a aquellas personas interesadas en utilizar las valiosas enseñanzas y principios de la filosofía estoica en la crianza de sus hijos. 'Diario para Padres Estoicos' te brinda una perspectiva fresca y consejos prácticos para cada etapa del emocionante y desafiante viaje en la vida de tus hijos.

LAS LEYES DE LA NATURALEZA HUMANA de ROBERT GREENE

Las leyes de la naturaleza humana, de Robert Greene, es una obra fascinante que explora los impulsos y motivaciones ocultas detrás de las acciones humanas. Basado en ejemplos históricos de figuras como Pericles y Martin Luther King Jr., Greene nos enseña a gestionar nuestras emociones, desarrollar empatía, y entender las verdaderas intenciones de las personas, claves para el éxito personal y profesional.

CAMBIA TUS PREGUNTAS, CAMBIA TU VIDA de MARILEE ADAMS

Cambia tus preguntas, cambia tu vida, de Marilee Adams, es una guía transformadora que te enseña a cambiar tu forma de pensar y afrontar los desafíos. A través de la metodología de "preguntas de aprendizaje", aprenderás a mejorar tus relaciones y tomar decisiones más efectivas, logrando así un crecimiento personal y profesional que te acercará a tus objetivos y metas.

TU MEJOR VERSIÓN EN 12 SEMANAS de SANJAY GUPTA

Una guía transformadora con un enfoque paso a paso para cambiar hábitos arraigados y mejorar nuestra calidad de vida. Al seguir estos consejos, podremos reducir la ansiedad, mejorar el sueño y aumentar la energía, la claridad mental y la resistencia al estrés. Esta guía esencial nos permite adoptar comportamientos saludables y experimentar una transformación en solo 12 semanas.

DIARIO PARA ESTOICOS de RYAN HOLIDAY

Una guía fascinante para transmitir la sabiduría estoica a una nueva generación de lectores y mejorar nuestra calidad de vida. Su Agenda es un complemento perfecto para una reflexión más profunda sobre el estoicismo, así como indicaciones diarias y herramientas estoicas de autogestión.

Disponibles también en formato **e-book.**

Solicita más información en revertemanagement@reverte.com
www.revertemanagement.com
@revertemanagement

Gracias

REM*life*